Mathias Bregenzer

Professionalisierung in der Elementarpädagogik

Was sind die Schlüsselkompetenzen von pädagogischen Fachkräften?

Bibliografische Information der Deutschen Nationalbibliothek:

Die Deutsche Nationalbibliothek verzeichnet diese Publikation in der Deutschen Nationalbibliografie; detaillierte bibliografische Daten sind im Internet über http://dnb.d-nb.de abrufbar.

Inhaltsverzeichnis

1 Einleitung

Der Bereich der frühkindlichen Bildung, Erziehung und Betreuung in Deutschland gestaltet sich seit einiger Zeit definitiv anders als noch im Vergleich zu den Bedingungen vor etwa zehn Jahren. Dabei sind unterschiedliche Ebenen auszumachen. Zum einen sind quantitative Rahmenbedingungen zu sehen wie beispielsweise der Ausbau der Einrichtungen von Kindern bis zum Schulalter und damit verbunden auch die steigende Zahl an Fachkräften. Andererseits ist auf der qualitativen Seite eine Verlagerung der Ausbildung eben jener Fachkräfte von der fachschulischen auf die hochschulische Ebene zu beobachten, was einhergeht mit einer gestiegenen kindheitspädagogischen Forschungstätigkeit. Damit wird vordergründig ein deutliches Zeichen im Hinblick auf das Thema Professionalität gesetzt. Auch scheint die elementarpädagogische Bildungsarbeit gesellschaftlich heute anerkannter als noch vor einer Dekade (Balluseck, 2016, S. 9).

Diese gerade benannten Ebenen der Quantität und der Qualität der sich im Wandel befindlichen frühkindlichen Bildung, Erziehung und Betreuung lassen sich durchaus auch in Relation mit unterschiedlichen gesellschaftlichen und politischen Herausforderungen erklären: Die Fragestellung nach mehr Bildungsgerechtigkeit gerade für Kinder aus sozialen Schichten mit wenig Bildungszugang steht im Raum, für die frühkindliche Bildung mit ausschlaggebend gesehen werden kann. Damit im Zusammenhang zu sehen ist auch eine spätestens seit dem starken Zustrom von Migranten seit 2015 angestiegene Anforderung an frühe Bildungsinstitutionen als Vermittler nicht nur von Sprache, sondern auch als Wegbereiter für gelungene gesellschaftliche Integration. Vor allem aber der Fachkräftemangel, der seit einigen Jahren als Folge des quantitativen Ausbaus grassiert, stellt durchaus bereits auf politische Ebenen ab.

Diese Bachelorarbeit will sich daher einem speziellen Ausschnitt der Thematik um Professionalisierung im Berufsfeld der Kindheitspädagogik in Deutschland widmen: Der Kompetenzdebatte. Noch exakter ausgedrückt, sollen anhand aktueller fachöffentlich geführter Diskurse Leitbilder bzw. Grundlinien für Schlüsselkompetenzen zusammengetragen und anhand eines theoretischen Konstruktes eines Kompetenzkanons aufgearbeitet und dargestellt werden.

Thematische Teilaspekte sollen in diesem Zusammenhang vor allem allgemeine kompetenztheoretische Diskussionslinien sowie auch spezifische aktuelle kindheitspädagogische Kompetenzmodelle sein. Daneben soll auch die Frage nach der noch in einem recht jungen Stadium des Entstehens begriffenen Profession der Elementar- bzw. Kindheitspädagogik eine große Rolle spielen.

Es ist bei der Erörterung der Fragestellung nach Schlüsselkompetenzen, die für ein qualitativ hochwertiges, professionalisiertes Arbeiten im Feld der Bildung, Erziehung und Betreuung in Deutschland notwendig sind, unerlässlich, die Rahmung für das Tätigkeitsfeld vorzunehmen. Daher soll im folgenden Kapitel zwei ein Problemaufriss der momentanen Situation im Handlungsfeld der Bildung, Erziehung und Betreuung in der frühen Kindheit in der Bundesrepublik Deutschland und dessen gesellschaftlicher, politischer sowie organisationskultureller Rahmenbedingungen dargestellt werden. Im Anschluss folgt ein kurzer historischer Abriss der Entwicklung des Berufsfeldes.

Kapitel drei widmet sich einerseits Beschreibungen und Eingrenzungen zentraler Begrifflichkeiten und im Weiteren auch theoretischen Verortungen in aktuelle Diskursebenen und theoretischen Modellen. Diese Eingrenzungen, Begriffsdiskussionen und Darstellungen aktueller fachwissenschaftlicher Diskurslinien ergeben einen Einblick in den momentanen Stand der Forschung.

Kapitel vier wird die Ergebnisse der Untersuchung unterschiedlicher fachwissenschaftlicher Diskussionslinien zum Thema Kompetenz im Berufsfeld früher Bildung, Erziehung und Betreuung erörtern und im Kern den eben schon erwähnten Kompetenzkanon abbilden.

Letztlich wird sich Kapitel fünf mit den Ergebnissen und damit den Folgen der Recherche aus den vorliegenden Kapiteln beschäftigen. Schlussfolgerungen wie diejenige nach der Frage der Akademisierung der frühen Bildung, Erziehung und Betreuung werden in den Blick genommen sowie ein Blick in die Zukunft des Berufsstandes (oder gar der Profession?) wird gewagt.

Anzumerken ist, dass im umfänglich eingeschränkten Rahmen dieser Bachelorthesis kein Anspruch darauf gehegt werden kann, das gesamte Spektrum der professionstheoretischen Diskussion bis ins Detail abzubilden. Auch im Hinblick darauf, dass das Berufsfeld der Bildung, Erziehung und Betreuung „ein dynamisch sich entwickelndes Professions- und Forschungsfeld ist, bei dem aktuell kaum abzusehen ist, wie es sich in seinen wissenschaftlichen und professionsbezogenen Konturen entfalten wird" (Betz & Cloos, 2014, S.14), muss vom Anspruch einer letztgültigen Darstellung der Thematik abgesehen werden.

Nichtsdestotrotz will diese Thesis einen wissenschaftlichen Diskussionsbeitrag zur aktuell voll entbrannten fachlichen Debatte um das Thema Professionalisierung leisten.

In diesem Zusammenhang ist auch eine erste Einschränkung im Hinblick auf den Untersuchungsgegenstand dieser Thesis zu machen: Es geht um Basiskompetenzen pädagogischer Fachkräfte in der institutionalisierten Bildung, Erziehung und Betreuung in deutschen Kindertageseinrichtungen. Der Sektor der Kindertagespflege soll hiervon außer Acht gelassen werden.

Desgleichen wird der Fokus im Zusammenhang mit den zu untersuchenden Basis- bzw. Schlüsselkompetenzen in der vorliegenden Thesis auf die pädagogische Arbeit in der Kontakt- bzw. Betreuungszeit am Kind sowie der entsprechenden Vorbereitungszeit, also der konkreten pädagogischen Bildungs-, Erziehungs- und Betreuungsarbeit gelegt. Dahinter steht der Gedanke, dass Schlüsselkompetenzen anders gewichtet sein müssten, würde der Fokus auf beispielsweise eine reine Leitungstätigkeit in einer Tageseinrichtung für Kinder gelegt.

Um den unterschiedlich ausgebildeten Fachkräften in den Kindertageseinrichtungen wie Kinderpfleger*innen, Sozialassistent*innen, Erzieher*innen, Sozialpädagog*innen und Kindheitspädagog*innen Rechnung zu tragen, soll im Rahmen dieser Bachelorthesis die ausbildungsunabhängige Bezeichnung *pädagogische Fachkräfte* verwendet werden.

Zudem wird im Text dieser Bachelorthesis auf Grunde des Inklusionsaspektes Wert darauf gelegt, dass eine Einengung auf ein Geschlecht bzw. eine Dualisierung auf zwei Geschlechter durch die schriftsprachliche Formulierung mithilfe eines Sternchens „*" vermieden wird.

2 Problemaufriss

Die zentrale Fragestellung dieser Thesis ist die nach bestimmten Schlüsselkompetenzen für professionelles Handeln pädagogischer Fachkräfte in der Kindertagesbetreuung im Hinblick auf ein Mehr an Professionalität und damit ein Mehr an Qualität im Handlungsfeld. Denn dass die Qualität vom Handeln der Fachkräfte abhängt und eben diese Qualität deutscher Kindertageseinrichtungen ausbaufähig ist, ist kein Geheimnis (Tietze et al., 2012). Durch diverse neue Strukturen auf verschiedenen Ebenen im Zusammenhang mit anderen Bedingungen (ausführlicher dazu in diesem Kapitel) wandeln sich die Anforderungen an die pädagogischen Fachkräfte. Die Forderung fachlicherseits steht im Raum, dass es die „am besten ausgebildeten Fachkräfte" (Fthenakis, 2010, S.394) sein sollten, die unsere Kinder in den frühen Jahren begleiten. Wie kann man eine beste Ausbildung erreichen? Durch eine Ausbildung in Deutschland, die zu kurz und auf im internationalen Vergleich zu niedrigem Niveau stattfindet?

Welche Fähigkeiten, Möglichkeiten und Kompetenzen könnten Ergebnisse einer solchen Ausbildung sein? Welchen Anforderungen stehen die Tätigen in deutschen Kindertageseinrichtungen dann gegenüber? Die Frage nach der Professionalität und den dafür maßgeblichen Schlüsselkompetenzen wird dabei noch befeuert durch die Tatsache, dass den Erzieher*innen und Kindheitspädagog*innen noch lange nicht diejenige Anerkennung und Reputation, teilweise ja nicht einmal die Legitimation zugesprochen wird wie anderen Berufen, denn „sie haben es schwer, in der Gesellschaft den Status einer Profession zugesprochen zu bekommen. Zu nahe liegt ihr Handeln den vertrauten Erfahrungsräumen der Familie." (Friederich, Lechner, Schneider, Schoyerer & Ueffing, 2016, S.85). Dazu soll ein synchronistischer Überblick über Aspekte an Rahmenbedingungen für die Entwicklung von Professionalität gegeben werden und danach ein kurzer Rückblick in die historische Entwicklung.

2.1 Wo stehen wir?

Wenn man sich der Frage nach grundlegenden Kompetenzen nähern will, scheint es unerlässlich, die Rahmenbedingungen und Begleitumstände näher zu beschreiben, vor deren Hintergrund sich die Frage danach, was denn überhaupt ‚gekonnt werden sollte', stellt. Ein erster Aspekt ist der in § 22 des Sozialgesetzbuches acht durch den Gesetzgeber aufgeführte Grundsatz von Erziehung, Bildung und Betreuung. Dass vor allem Bildung als gesamtgesellschaftlich kompensatorischer und damit grundlegender Auftrag von Kindertageseinrichtungen gesehen werden soll, war spätestens in der Folge der ersten PISA-Studie nach der Jahrtausendwende im Schlaglicht nicht nur der Fachöffentlichkeit. (Aktionsrat Bildung, 2012; Förster, 2016; Stuhr, 2016).

Dabei scheint es dem Verfasser folgerichtig, unterschiedlichen Ebenen an Rahmenbedingungen nachzuspüren und diese darzulegen. So sollen im Folgenden auf der einen Seite gesellschaftliche Bedingungen, daneben jedoch auch politische Bedingungen ins Feld geführt werden. Ein weiterer Blick soll organisatorischen bzw. strukturellen und organisationskulturellen Rahmenbedingungen gewidmet sein, in denen sich das professionelle Handeln elementarpädagogischer Fachkräfte abspielt. Dieser Blick ist vor allem deshalb notwendig, weil der Fokus für professionelles Handeln im Bereich der Kindertagesstätten nicht lediglich auf bestimmte Attribute der Fachkräfte gelegt werden kann. Susanne Viernickel meint darüber hinaus in diesem Zusammenhang:

> „Auch aus der pädagogischen Qualitätsforschung gibt es deutliche Hinweise darauf, dass das gesamte System, in dem sich Bildungs- und Erziehungsprozesse vollziehen, in den Blick genommen werden muss, um zu verstehen, welche Faktoren die Realisierung einer hohen Qualität dieser Prozesse befördern bzw. behindern." (2016, S.39–40).

2.1.1 Gesellschaftliche Rahmenbedingungen

Blickt man auf das Arbeitsfeld der in den deutschen Tageseinrichtungen tätigen Fachkräfte, kommt man nicht umhin, sich mit den Herausforderungen zu beschäftigen, die es zu meistern gilt. Bedenkt man, dass der Besuch einer Tageseinrichtung für Kinder heute nicht zuletzt wegen des seit 1996 bzw. 2008 bestehenden Rechtsanspruches zur Normalbiografie gehört, wird ersichtlich, wie wichtig es ist, sich mit den Lebensbedingungen auseinanderzusetzen, aus denen die zu betreuenden Kinder stammen. Andererseits ist zu beachten, dass sich die Kindertagesbetreuung mit der eben beschriebenen Tatsache auch zusehends entmarginalisiert hat und zu einem in der Gesellschaft bedeutenden Teilsystem geworden ist. Gleichsam von einer Expansion ist die Rede. (Autorengruppe Fachkräftebarometer & Deutsches Jugendinstitut, 2017, S.16).

Diesbezüglich muss bedacht werden, dass Rahmenbedingungen auf gesamtgesellschaftlicher Ebene und politischer Ebene durchaus miteinander verzahnt sind.

Es geht also hier um einen gewissermaßen sozialwissenschaftlichen Blick auf die Lebenswelten von Kindern heute und um die Frage danach, was das für die Arbeit pädagogischer Fachkräfte und damit für die von ihnen erwarteten Fähigkeiten bedeutet.

Grundsätzlich lässt sich sagen, dass sich das Leben immer mehr in Städten abspielt. Das Schlagwort Urbanisierung kann durchaus auch die Lebenswelten von heute aufwachsenden Kindern bezogen werden. Damit einher geht auch eine zunehmende Verinselung von Kindheiten, die eingebettet zu sein scheint in ein gesamtgesellschaftliches Zerwürfnis, in welchem „eine Teilung nach Einkommen, Lagen und Milieus, ethnischer Zugehörigkeit und auch Religion" (Lutz et al., 2016, S.66) besonders deutlich zu Tage tritt. Diese makrosozialen Verschiebungen von Lebenswelten gehen einher mit einem demografischen Wandel hin zu einer alternden Gesellschaft.

Längst hat dies zur Folge, dass Fachkräfte in innerstädtischen Einrichtungen deutscher Groß- und Millionenstädte – aber nicht nur dort – mit den Folgen dieser Entwicklung zu tun haben. Als Beispiele lässt sich hier vor allem an hohe Anteile an fremdsprachigen Kindern mit Migrationshintergrund auf Gruppenebene oder auch Sprachbarrieren mit den Eltern dieser Kinder denken.

Es wäre allerdings zu kurz gegriffen, würde man Herausforderungen für frühpädagogische Fachkräfte lediglich in Sprachbarrieren erkennen. Ebenso geht es darum, Kindern aus sozialen Schichten, denen ein Zugang zu Bildung nicht selbstverständlich ist, in kompensatorischer Weise zumindest bildungsrelevante Bereiche wie etwa Literacy oder auch mathematische Vorläuferfähigkeiten näher zu bringen und damit etwaige Determinanten für den späteren Schulerfolg in den Fokus zu nehmen.

Mit diesem kompensatorischen Gedanken einher geht auch die Tatsache der Existenz von Kinderarmut in unserer Gesellschaft. Über ihre Bedeutung als Ausgrenzung und Benachteiligung für die betroffenen Kinder wird viel diskutiert und geschrieben (Lutz et al., 2016). Auch hier tritt kompensatorisches Wirken gegen eben angesprochene Folgen von Kinderarmut als Forderung an professionelles Wirken von pädagogischem Kita-Personal in den Vordergrund. Gesamtgesellschaftlich gesehen wird die Forderung an die Einrichtungen gestellt, mehr soziale Gerechtigkeit und damit eine Minderung gesellschaftlich bedingter Ungleichheit noch vor Eintritt in die Schule zu gewährleisten (Aktionsrat Bildung, 2012).

Zudem ist auf gesellschaftlicher Ebene noch das Thema Familie von Bedeutung. Dabei lassen sich auf mikrosozialer Ebene Phänomene wie eine qualitativ andersgeartete Eltern-Kind-Beziehung, die „Neudefinition von Frauen als Mutter und Erwerbstätige" und zudem eine Unstetigkeit im Verlauf von vielen Familienbiographien feststellen. Bedeutend scheint auch ein verändertes subjektives Bewusstsein vieler Eltern im Hinblick auf das Thema Elternschaft (Fthenakis, 2010).

2.1.2 Politische Rahmenbedingungen

Es gilt, in diesem Kapitel aktuelle Aspekte zusammenzutragen und zu bewerten, die von politischer Seite auf internationaler Ebene, Bundes- und Landesebene auf die momentane Situation der Kindertagesbetreuung und der Fachkräfte in Deutschland einwirken. Damit sind diese Aspekte auch Parameter für den Stand der Diskussion um die Professionalisierung der frühen Bildung.

Von großer Bedeutung ist in diesem Zusammenhang allgemein anerkannt ein Ereignis, dem heute gewissermaßen die Funktion eines Startsignals für die fortwährenden Um- und Ausbauprozesse der Kindertagesbetreuung in Deutschland beigemessen wird: die PISA-Untersuchung und vor allem das schlechte deutsche Abschneiden dabei. Unterdurchschnittliche Werte für Lese- und Rechenkompetenz sprachen eine deutliche Sprache und warfen für die deutsche Politik viele Fragen auf (Artelt et al., 2001).

Als Antwort auf diese durch die PISA-Studie, aber auch durch die Delphi-Befragungen 1998 und der Empfehlungen des *Forums Bildung* aufgeworfenen Fragen wurden auch vor dem Hintergrund der Erkenntnis der Wichtigkeit der frühen Lebensjahre Folgendes als Ziele benannt: Eine „Modernisierung und Neugewichtung der Bedeutung der frühkindlichen Förderung, Bildung und Erziehung", die Einführung von Bildungsplänen, Qualitätsentwicklung und -management. Insbesondere wurde auch der Ruf nach einer Professionalisierung der Fachkräfte vor dem Hintergrund ständig wachsender Anforderungen laut (Bundesministerium für Familie, Senioren, Frauen und Jugend, 2003, S.8–11). s

Speziell für die inzwischen selbstverständliche Möglichkeit, sich auf Hochschulniveau und damit akademisch als Fachkraft in der Kindertagesbetreuung ausbilden zu lassen, war daneben auch der Bologna-Prozess von Bedeutung. Die Einführung einer gestuften Studienstruktur von Bachelor- und Masterstudiengängen gilt als eine der größten Strukturreformen an Deutschlands Hochschulen und geht einher mit einer verbesserten europaweiten Vereinheitlichung und Vergleichbarkeit der Studiengänge (Helm, 2015, S.43). Dabei sind auch die schnell nach der Jahrtausendwende entstandenen frühpädagogischen Studiengänge ein Bestandteil dieses den Hochschulbereich betreffenden Wandlungsprozesses und werden bis heute von ihm mitgetragen (Helm, 2015, S.37; Stuhr, 2016, S.11). Eingeführt und staatlich anerkannt wurde eine Berufsbezeichnung akademisch ausgebildeter Fachkräfte schließlich durch die Jugend- und Familienministerkonferenz 2011 (Jugend- und Familienministerkonferenz [JFMK], 2011).

Spätestens seit es seit 2013 einen Rechtsanspruch auf einen Kitaplatz für Kinder auch ab einem Jahr in Deutschland gibt, hat sich eine Dynamik des quantitativen Wachstums der Kindertagesbetreuung gezeigt. Damit einher geht selbstredend auch eine Erhöhung der Beschäftigtenzahlen. Für die kommenden Jahre ist ein weiteres Wachstum besonders im Bereich der Kleinkindbetreuung zu erwarten (Autorengruppe Fachkräftebarometer & Deutsches Jugendinstitut, 2017, S.57).

Von politischer Seite wurde zum Jahresbeginn 2019 und damit sehr aktuell auf die Entwicklungen im Bereich der Kindertagesbetreuung mit dem „Gesetz zur Weiterentwicklung der Qualität und zur Teilhabe in der Kindertagesbetreuung" – kurz gesagt *Gute-Kita-Gesetz* reagiert (Bundesministerium für Familie, Senioren, Frauen und Jugend, 2018). Seither steht es in der Diskussion und mitunter in der Kritik. Schon in §1 des Gesetzestextes werden ausdrücklich die qualitative Weiterentwicklung sowie Ermöglichung von mehr Teilhabe zur Herstellung gleichwertiger Lebensverhältnisse für das Aufwachsen von Kindern und besseren Vereinbarkeit von Familie und Beruf im Bundesgebiet genannt. Auch gleichwertige Standards im gesamten Bundesgebiet werden als Ziel angegeben. Ebenso wird unter §2 die „Gewinnung und Sicherung qualifizierter Fachkräfte" genannt und somit ein direkter Bezug zum Thema Professionalisierung und damit zum Thema dieser Bachelorthesis hergestellt.

Allerdings wird das Gesetz auch einer kritischen Prüfung unterzogen und dabei festgestellt, dass es nur der Beginn einer Entwicklung sein darf, wie sich Prof. Wassilios Fthenakis als Chefredakteur von *Meine Kita* äußert. Dass dabei gleichermaßen die Professionalisierung der Fachkräfte vorangetrieben werden müsse – „mit allen Konsequenzen, auch für ihre Vergütung", steht dabei außer Frage (Sprung, 2019). Dabei sind neben der Aussage von Fthenakis zum aktuellen Gesetz im

Artikel auch deutlich kritische Stimmen zu vernehmen, die bemängeln, dass die bereitgestellten 5,5 Milliarden Euro erstens sowieso zu wenig seien und zweitens nicht in die Verwendung zur Finanzierung der Kita-Beitragsfreiheit einfließen dürften. Dass dabei wichtige finanzielle Mittel nicht wie erforderlich in die Finanzierung beispielsweise eines deutlich besseren Fachkraft-Kind-Verhältnisses fließen könnten, macht die sicherlich guten Vorsätze des Gesetzes wieder zu Nichte. Auch die zeitliche Befristung der bereitzustellenden Mittel durch den Bund bis 2022 erregt Ärgernis bei Kritikern des Gesetzestextes.

2.1.3 Organisatorische und organisationskulturelle Rahmenbedingungen

Mit Rahmenbedingungen wird ein „Bündel von strukturellen Aspekten" bezeichnet, das entweder politisch bestimmbar und regulierbar ist. Darüber hinaus – und das ist der entscheidende Aspekt – können hierbei vielfach Einflüsse auf die Qualität pädagogischer Prozesse und somit auf das Ausmaß der Professionalität pädagogischen Handelns nachgezeichnet werden. Entscheidend ist auch eine systemische Betrachtungsweise in dem Zusammenhang, dass „professionelles Handeln pädagogischer Fachkräfte nicht von einem einzigen, sondern von mehreren ineinander greifenden Merkmalen beeinflusst wird." (Viernickel, 2016, S.40–42).

Damit gehört es aus Sicht des Verfassers zur Standortbestimmung von Professionalität im Hinblick auf Schlüsselkompetenzen dazu, sich zwischen der Festlegung von äußeren regulierbaren Rahmenbedingungen durch die Politik und Gegebenheiten gesamtgesellschaftlicher Art auch die Mesoebene der möglichen Gegebenheiten in den Einrichtungen selbst anzusehen. Im Grunde lässt sich – so auch der Tenor der 2012 veröffentlichten Ergebnisse der NUBBEK-Studie eine „bemerkenswerte" Vielfalt an Rahmenbedingungen auf Einrichtungsebene in den vielfältigen Betreuungsformen feststellen (Tietze et al., 2012). Auf Einrichtungsebene sind für eine qualitativ hochwertige Ausgestaltung pädagogischer Prozesse Merkmale wie Personalschlüssel, Fachkraft-Kind-Relation, Gruppengröße sowie Qualifikation und Bezahlung der Fachkräfte entscheidend (Viernickel, Nentwig-Gesemann & Weßels, S.139).

Daneben werden aber auch organisationskulturelle Merkmale in Betracht gezogen. Bestimmte organisationskulturelle Merkmale konnten in einer Studie anhand der Analyse qualitativen Datenmaterials aufgezeigt und auf ihr Wirken auf das Erleben der Arbeitssituation von Personal in Kindertageseinrichtungen untersucht werden. Als Ausgangslage wurde dafür die Art des Umgangs mit den in den Bundesländern uneinheitlichen, aber inzwischen gängigen Bildungsplänen für den

Kitabereich zu Rate gezogen. Neben einem Erlebensmuster „Umsetzungsdilemma" konnten auch die Erlebensmuster „Verausgabungsneigung" sowie „Anerkennungsdefizit" benannt werden. Als Team-Grundtypen wurden „Wertekernbasierung" in Form von durchaus reflektiertem Umgang mit den mehr werdenden Anforderungen von außen vor eigenem Werten und Arbeitsweisen herausgearbeitet. Daneben konnten als Typen zwei und drei eine reine „Umsetzungsorientierung" (z.B. der vorgegeben Bildungspläne und anderer äußerer Anforderungen) und drittens der Typ der „Distanzierung und Ablehnung" belegt werden (Viernickel et al., 2015). Auch hier wird deutlich, dass professionelle Einstellungen, Arbeitsweisen, Fachwissen, Können und vor allem deren Umsetzung von vielerlei Faktoren abhängig sein können und es nicht genügt, sich auf die bloße Ebene der handelnden Subjekte zu beziehen, insofern man von der Möglichkeit von Schlüsselkompetenzen als maßgebliche Parameter für Professionalisierung ausgeht.

2.2 Historischer Abriss

Heute kämpft der Berufsstand der Erzieher*innen und sonstiger pädagogischer Fachkräfte im Vorschulalter mit einem Defizit an Ansehen und ist zudem weiblich dominiert. Wie stellt sich das für die vergangenen Jahrzehnte und Jahrhunderte im deutschsprachigen Raum dar und wo könnten die Gründe für die heutige Situation liegen? Welche Anforderungen und Fähigkeiten wurden den in der Kleinkinderziehung vergangener Zeiten Tätigen abverlangt? Damit soll sich dieser Abschnitt beschäftigen.

Als wichtigste Gründe für die Entstehung öffentlicher Kleinkinderziehung im deutschen Raum zu Beginn des 19. Jahrhunderts gelten: Massenarmut, Wandel der Familie, Trennung von Arbeit und Haus im Rahmen der Industrialisierung. Daneben werden als weitere Gründe ein neuer Blick auf die Kindheit und die Neuorganisation der Schule genannt (Wasmuth, 2010, S. 26).

Von besonderer Bedeutung im Hinblick auf das Personal in den damaligen Anstalten und vor allem seine Ausbildung gelten Theodor Fliedner und Friedrich Fröbel. Der evangelische Pastor Fliedner hatte in Kaiserswerth bei Düsseldorf ein Kleinkindlehrerinnen-Seminar gegründet, dessen Ausbildungsdauer 1854 ein Jahr dauerte (Metzinger, 2013, S.390).

Friedrich Fröbel hingegen legte einen viel größeren Wert auf eine fundierte Ausbildung der Kindergärtnerinnen und ihr großes Allgemeinwissen als sein Zeitgenosse Fliedner. Außerdem bezog er bewusst auch Männer mit ein, konnte sich mit seinen

Vorstellungen allerdings nicht durchsetzen und bald wurden seine Kurse von Frauen besucht (Wasmuth, 2010, S.38).

Bis zum Beginn des zwanzigsten Jahrhunderts und dem Ende des deutschen Kaiserreichs war ein Großteil der Einrichtungen in Hand von Organisationen der beiden großen Kirchen, eine Tatsache, welche bis heute Bestand hat. In der Diskussion um Ausbildung und möglicher Professionalisierung war das Schlagwort der „geistigen Mütterlichkeit" richtungsweisend; in hegenden und pflegenden sozialen Berufen wie der Betreuung und Erziehung kleiner Kinder wurde eine spezifisch den Frauen angemessene Kulturaufgabe gesehen. Dem Gedanken der Förderung und Bildung der Kinder in Einrichtungen, die dem Denken Friedrich Fröbels folgten, stand zumindest hier auch in der Ausbildung der Leiterinnen und Kindergärtnerinnen ein hoher Bildungsgedanke im Vordergrund. In christlichen Ausbildungsstätten mag das nicht so deutlich gewesen sein. Seitens der bürgerlichen Frauenbewegung wurde in solchen Berufen wie der Kindergärtnerin eine Erwerbs- und Professionalisierungsmöglichkeit erkannt (Metzinger, 2013, S.392; Wasmuth, 2010, S.138–139).

Ein wichtiger Punkt auf dem Weg zu einer einheitlichen staatlichen Regelung war der Preußische Ministerialerlass von 1911, mit dem eine stattliche Abschlussprüfung für Kindergärtnerinnen rechtlich bindend wurde. Ein weiterer, bis heute für die gesamte frühpädagogische Profession einschneidender Wegpunkt war das zu Beginn der 1920er Jahre diskutierte Reichsjugendwohlfahrtsgesetz, in dem eine Trennung von Kindergärten als Elementarpädagogik einerseits sowie Grundschulen als Primarpädagogik andererseits erfolgte. Damit einher geht auch die Verfestigung verschiedener Ausbildungsniveaus von Kindergärtner*innen und Grundschullehrer*innen, die bis heute nachwirkt und mit ein tragender Grund für das zu diskutierende Thema dieser Bachelorarbeit ist (Helm, 2015, S.27–28). In der folgenden Zeit des Nationalsozialismus wurde der Kindergarten allgemein und damit auch dessen Fachkräfte den vorherrschenden gesellschaftspolitischen und weltanschaulichen Idealen unterworfen. Fortschrittliche Vorstellungen in Bildung und Erziehung wurden bei Seite geschoben und stattdessen eine strikte Geschlechterdifferenzierung und eine Fokussierung auf das angenommene pflegende und erziehende mütterliche Element der Frau allgemein als Maßgabe für den Kindergärtnerinnenberuf auserkoren (Metzinger, 2013, S.393).

Nach 1945 und dem Ende des Zweiten Weltkrieges folgte entsprechend den unterschiedlichen politischen Systemen in beiden deutschen Staaten auch eine unterschiedliche Ausformung von Ausbildung in der Elementarpädagogik. In der DDR waren Kinderkrippen als erste Stufe in ein einheitliches Bildungssystem integriert und es gab unterschiedliche Ausbildungen für Tätigkeiten in Kinderkrippen (an medizinischen Fachschulen), Kindergärten und Horten. Die Ausbildungsinhalte an Fachschulen waren durchaus auch im Sinne marxistisch-leninistischer Weltanschauung organisiert. In der BRD wurde erst 1967 durch die Kultusministerkonferenz die bis dahin gängige Ausbildung zur Kindergärtnerin mit dem Ausbildungsweg zur Jugend- und Heimerzieherin zusammengelegt und mit dem Abschluss der staatlich anerkannten Erzieherin ein einheitlicher Berufsstand unterhalb akademischer Ausbildungswege beschlossen (Helm, 2015, S.32–33). Vorreiter war dabei der Stadtstaat Hamburg, der bereits 1962 dreijährige Fachschulen für Sozialpädagogik einrichtete, die sowohl Frauen als auch Männern zugänglich waren. Dabei war auch schon das letzte Jahr ein gelenktes Berufspraktikum (Metzinger, 2013, S.394).

Ab 1971 konnte der Kindergarten auch in der Bundesrepublik als Ort für Lernen und Bildung gesehen werden. Damit einher ging eine durch den Bildungsrat geforderte Anhebung des schulischen Ausbildungsniveaus pädagogischer Fachkräfte auf ein hochschulisches Ausbildungsniveau (Helm, 2015, S. 34; Metzinger, 2013, S. 395). Letztlich konnten die Vorschläge aber nicht in geltendes Recht verankert werden. Somit ist in etwa der Stand der Dinge in Sachen fachlicher Anforderungen und Ausbildung der gleiche wie in den 1970er Jahren. Mit der politischen Wende in der DDR und der deutschen Wiedervereinigung 1990 wurde das bundesrepublikanische System von der DDR übernommen. Große Änderungen ergaben sich erst mit den schon beschriebenen Ereignissen um die Jahrtausendwende nach dem PISA-Schock.

3 Begriffsdefinitionen, professions- und kompetenztheoretische Hintergründe

Im Zuge der wissenschaftlichen Bearbeitung der Thematik um Professionalisierung und Schlüsselkompetenzen ist es ausschlaggebend, sich der Terminologie durch eine Diskussion aktueller Erkenntnisse in der Literatur zum Thema zu nähern und daraus Begriffsbestimmungen zu ziehen. Ebenso wichtig scheint es, eine theoretische Verortung in den Diskussionssträngen über folgende Themenbereiche zu geben: Elementarpädagogik – Frühpädagogik – Kindheitspädagogik, allgemeiner Kompetenzdiskurs, spezifischer Kompetenzdiskurs in der Frühpädagogik. Damit soll ein theoretischer Unterbau für die im vierten Kapitel folgende Darstellung des theoretischen Modells eines Kompetenzkanons gesichert werden.

3.1 Begriffe und Definitionen

Eine erste Annäherung an das theoretische Gebäude des Kompetenzkanons im Folgenden soll über eine Klärung zentraler Begriffe folgen. Den Anfang machen dabei in dieser Bachelorthesis die Begrifflichkeiten der Profession, der Professionalisierung und der Professionalität.

3.1.1 Profession, Professionalisierung und Professionalität

Dass die drei zentralen Begriffe Profession, Professionalität und Professionalisierung zusammenhängen müssen bzw. mindestens einen zentralen bedeutungsdefinierenden Schnittpunkt als gemeinsame Basis haben müssen, zeigt schon die Tatsache, dass sie einen gemeinsamen Wortstamm (Professio-) haben. Geht man nach dem Duden-Fremdwörterbuch, so bezeichnet Profession veraltend einen Beruf, ein Gewerbe (Wermke, Klosa, Kunkel-Razum & Scholze-Stubenrecht, 2000, S. 808). Es wäre natürlich zu kurz gegriffen, sich auf diese beiden Synonyme als Begriffsbestimmung für Profession und den damit verbundenen weiteren Begriffen zu beschränken.

Alle drei Begriffe haben „verwandte Bedeutungshöfe im Kontext von Beruflichkeit" (Brunner, 2018, S. 53). Jedoch beschreiben sie jeweils unterschiedliche Ausformungen und Bedeutungsebenen im Zusammenhang mit Beruflichkeit. Dieter Nittel versieht den Begriff Profession mit einem engeren Verständnis und einem erweiterten Verständnis. Dem engeren Verständnis zugrunde liegt die Bezeichnung für einen „besonders ausgewiesenen akademischen Beruf. [....] Als relativ abgeschlossene Sinnwelten verfügen Professionen über ein bestimmtes Verhältnis zur Gesamt-

gesellschaft, zu ihrem Publikum, zur Wissenschaft und schließlich zu sich selbst."
(Nittel, 2004, S. 344). Einem Zentralwertbezug und einem gesellschaftlichen Man-
dat für die Gesamtgesellschaft steht in der Beziehung der Profession zum Publikum
ein nicht ausschließlich kommerzielles Interesse und eine Klientenorientierung gegenüber. Im Zusammenspiel mit der Wissenschaft ist für eine Profession das Vor-
handensein einer akademischen Leitdisziplin konstituierend. Im Hinblick auf eine
eigene Berufskultur ist die Existenz eines bestimmten Leistungsethos entscheidend, „das einen geordneten und lizenzierten Zugang zu den Berufsrollen ein-
schließt" (Nittel, 2004, S. 344).

Bestimmte Berufsgruppen werden als Professionen bezeichnet wie Ärzte, Seelsor-
ger und Juristen auch vor dem Hintergrund, dass ihnen zentrale, für die Gesellschaft wichtige Funktionen zugesprochen werden. „Besondere Berufe" oder „Son-
derformen beruflichen Handelns" sind ebenso gängige Beschreibungen Wissen-
schaftshistorisch bedeutend ist eine unterschiedliche Bewertung zwischen Profes-
sionstheorien im anglo-amerikanischen Raum und im kontinentaleuropäischen
Raum: In Großbritannien und den USA wird traditionell mehr Wert auf Autonomie
als Professionsmerkmal gelegt, da sich dort die Professionen aus der Beschäftigung
mit sich selbst entwickelt hatten. Im Vergleich dazu haben im kontinentalen Europa
verstärkt staatliche Organisationen einen entscheidenden Beitrag zur Entstehung
besonderer Berufsgruppen geleistet (Friederich, 2017, S. 114–115).

Nittels erweitertes Verständnis bzw. offenes Konzept einer Profession umfasst soziale Welten. „Diese verfügen über Segmente, Subsegmente und Schnittpunkte,
nutzen materielle und nicht-materielle Ressourcen und Technologien; sie markie-
ren Grenzen [...] sie entwickeln Aushandlungsprozeduren und Legitimationsmus-
ter und definieren Stile und ästhetische Standards." (Nittel, 2004, S. 344–345).

Weitere Diskurse zum Thema Profession beschäftigten sich vornehmlich mit zwei
Theoriesträngen: Erstens durch die Bestimmung idealtypischer Merkmale wie
Spezialisierung und eigenständige Fachlichkeit, Rekurs auf wissenschaftliches
Wissen, ein gesellschaftliches Prestigegefälle und anderen Merkmalen, um die Einschätzung zu ermöglichen, ob eine Berufstätigkeit als professionell zu bezeichnen
wäre oder eben nicht. Andererseits hat sich seit den 1980er-Jahren ein Perspektivwechsel weg von der gesellschaftlichen Einbettung einer Profession und den damit
zusammenhängenden Strukturmerkmalen hin zu einer professionellen Handlungslogik ergeben. In den 1960er/70er Jahren wurden hingegen vor allen Dingen
Indikatoren als prototypische Merkmale einer Profession (wie oben erwähnt) beschrieben. In der Begriffstrias von Arbeit über Beruf zu Profession konnten somit

Professionen als Zustände „gesteigerter Berufsförmigkeit" benannt und definiert werden. Dem Gedanken an eine eigene Handlungslogik beziehungsweise an eine eigene Professionslogik folgend kann heute das Konzept einer höherstufigen, universellen Solidarität als Grundelement eben dieser eigenen professionellen Handlungslogik gesehen werden. Wie ein elementarer Grundgedanke gilt diese höherstufige „Solidarität unter Fremden" als Kern für „die Arbeit am Menschen". Damit lässt sich auch eine Abgrenzung zu Handlungstypen in anderen Bereichen wie wirtschaftlichem Handeln, bürokratischem Handeln oder reinem Alltagshandeln verzeichnen (Schmidt, 2008, S. 839–845).

Steht der Begriff der Profession eher in einem statischen Bedeutungszusammenhang, so wird der Kategorie der Professionalisierung bei Nittel eine prozesshafte und somit ein sich in der Zeit abspielender Prozess zugeschrieben. Dabei werden die bedeutungsrelevanten Ebenen einer individuellen und andererseits kollektiven Professionalisierung gesehen. Kollektive Professionalisierungsereignisse können sich in unterschiedlichen Berufsfeldern abspielen – wie etwa gerade in unserem Fall bei der Kindheitspädagogik – jedoch müssen sie nicht zwangsweise mit der Entstehung einer neuen Profession enden. Dass eher staatliche, wissenschaftliche oder rechtliche Instanzen über die Entstehung von Professionen entscheiden (zumindest im kontinentaleuropäischen Raum – siehe oben) als die Profession selbst, klingt auch hier an. Demgegenüber steht die Ebene der individuellen Professionalisierung, die einen persönlichen Prozess der Weiterentwicklung und Reifung mit seinen vielfältigen Facetten hin zu einer berufsbiografischen Rolle beschreiben kann (Nittel, 2004, S. 347–348).

Dem dritten Begriff der Professionalität wird eine deutliche handlungstheoretische Perspektive zuteil. „Die Kategorie bezeichnet demnach einen spezifischen Modus im professionellen Handeln [...], der Rückschlüsse sowohl auf die Qualität der personenbezogenen Dienstleistung als auch auf die Befähigung des beruflichen Rollenträgers erlaubt (Nittel, 2004, S. 351).

Es wird also deutlich, dass eine reine merkmalsbezogene Bestimmung einer Profession und damit von Professionalität im Bezug auf die Kindheitspädagogik nicht so einfach ist. Im Kapitel 3.2 soll weiter darauf eingegangen werden.

3.1.2 Der Kompetenzbegriff

Der Kompetenzbegriff wird im alltäglichen Sprachgebrauch und auch in der professionstheoretischen Debatte in der Kindheitspädagogik sowie in anderen wissenschaftlichen Disziplinen sehr häufig verwendet. Daher soll an dieser Stelle eine Klärung des Kompetenzbegriffes erfolgen, da auch eine Trennung zu benachbarten Begriffen wie zum Beispiel Qualifikation und Bildung nicht immer scharf und auf den ersten Blick eindeutig möglich scheint. Ein erster Anhaltspunkt kann die Erläuterung des etymologischen Ursprungs des Begriffes bringen: Das lateinische *competentia* kann mit *Zusammentreffen* und das Adjektiv *competens* mit *angemessen* übersetzt werden. „Kompetenz zeigt sich offenbar, wenn beim Zusammentreffen situativer Erfordernisse und dem individuell zur Verfügung stehenden Potential an Kenntnissen, Fertigkeiten etc. angemessen gehandelt werden kann" (Gnahs, 2010, S. 19). Grundlegend und ein Meilenstein in der Begriffsdeutung war das Konzept der Sprachkompetenz des Sprachwissenschaftlers Noam Chomsky mit der Unterscheidung in *Kompetenz und Performanz* (Fröhlich-Gildhoff, Nentwig-Gesemann, Pietsch, Köhler & Koch, 2014, S. 14; Gnahs, 2010, S. 19). Eine heute allgemein anerkannte Definition des Begriffes Kompetenz ergibt sich durch das OECD-Programm *Definition and Selection of Competencies (DeSeCo)*:

> „Eine Kompetenz ist demnach die Fähigkeit, (komplexe) Anforderungen in einem bestimmten Kontext erfolgreich zu erfüllen. Eine Kompetenz ist nicht auf kognitive Fähigkeiten reduzierbar. Vielmehr beinhaltet der Kompetenzbegriff auch ethische, soziale, emotionale, motivationale und verhaltensbezogene Komponenten, die zusammen als System effektives Handeln in konkreten Situationen ermöglichen bzw. über die ein Individuum verfügt (oder durch Lernen verfügen kann), um Anforderungen erfolgreich zu meistern"

(Rychen, 2008, S. 16).

Hervorzuheben ist hierbei, dass es sich bei der Beschreibung der Anteile des Kompetenzbegriffes nicht lediglich um kognitive Anteile handelt. Ausdrücklich werden hierbei motivationale, ethische und andere Anteile miteinbezogen und benannt. Damit einher geht auch die Feststellung der Selbstbestimmungstheorie nach Deci und Ryan, in der es als menschliches Grundbedürfnis gilt, sich selbst als kompetent zu erleben (Fröhlich-Gildhoff et al., 2014, S. 14).

Darüber hinaus werden unter einer Kompetenz nicht nur bestimmte Fähigkeiten von Menschen in bestimmten Kontexten verstanden, sondern eben auch in der Lesart der Rechtsphilosophie und bürokratischer Organisationen die Bedeutungsebene einer *Zuständigkeit* oder *Handlungsbefugnis* (Fröhlich-Gildhoff, Nentwig-Gesemann & Pietsch, 2011, S. 12). Jedoch ist für das Thema dieser Bachelorthesis die eben benannte Bedeutungsebene irrelevant, sie sei aus Gründen der Vollständigkeit angegeben.

Im Unterschied zum Begriff der Kompetenz beinhaltet eine Qualifikation eine anders geartete Bedeutungsebene: Es geht dabei um in Prüfungen abfragbare und auswertbare Bündel von Wissensbeständen und Fähigkeiten. Diese Fähigkeiten und Wissensbestände können in organisierten Qualifizierungs- und Schulungsprozessen vermittelt werden. Daneben existiert auch noch der Begriff der Bildung, der ebenso inflationär Verwendung findet und den es auch zum Kompetenzbegriff abzugrenzen gilt. Nach Gnahs gibt es eine gemeinsame ganzheitliche Ausrichtung der Begrifflichkeiten Bildung und Kompetenzentwicklung auf den ganzen Menschen mit seinen Fähigkeiten, seinen Haltungen und Werten. Grundlegender Unterschied ist jedoch die Orientierung des Bildungsbegriffes an einer Wertebasis und einem Menschenbild, das mit aufklärerischen und demokratischen Ideen verbunden ist. Demgegenüber ist der Kompetenzbegriff wertneutral (Gnahs, 2010, S. 22).

3.1.3 Elementarpädagogik, Kindheitspädagogik, Frühpädagogik

Es herrscht im allgemeinen Sprachgebrauch, aber auch in der fachlichen Diskussion ein unübersichtliches Sammelsurium an verschiedenen Begriffen, die vermeintlich ein- und dasselbe oder zumindest ähnlich umrissene Tätigkeits- oder Forschungsfelder und auch Studiengänge an Hochschulen meinen. Daher ist es von Nöten, diese Begrifflichkeiten auf Gemeinsames, aber auch auf Trennendes hin zu untersuchen und dabei auch verschiedene Bedeutungsaspekte herauszufiltern. Es lässt sich als Zeichen der Pionier- und Professionalisierungsphase, in der sich die kindheitspädagogischen Betätigungsfelder befinden, werten, dass die Fachöffentlichkeit und auch die ausbildenden Hochschulen (noch) nicht zu einem einheitlichen Begriffskanon gefunden haben. Seit der Einführung der staatlichen Anerkennung für den Beruf der Kindheitspädagog*innen lässt sich dies zumindest für die politische Seite nicht mehr behaupten (JFMK, 2011).

Der Begriff der Elementarpädagogik nimmt so wie die auch als Studiengangsbezeichnungen verwendeten Begriffe der Frühkindlichen oder Frühen Bildung sowie Vorschulpädagogik eine bewusste Abgrenzung zur Primarpädagogik bzw. Grundschulpädagogik vor. Dabei wird bewusst der Bildungsaspekt in der Auseinandersetzung mit der Bildung, Erziehung und Betreuung von Kindern im außerschulischen Bereich betont. Der Begriff Frühpädagogik ist dagegen weitergefasst, er bezieht sich nicht nur auf den Bildungsbegriff, sondern umfasst weitere Aspekte und Fragen im Zusammenhang mit früher Kindheit ab dem Zeitpunkt der werdenden Elternschaft. Bis zu welchem Alter sich die Bedeutung des Begriffes erstreckt, ist je nach Lesart unterschiedlich – genannt werden das achte bis sogar das 13. Lebensjahr (Friederich, 2017, S. 20–21).

Neben des von politischer Seite initiierten Bedeutungsaspektes als akademischen Berufsabschluss dient der Begriff der Kindheitspädagogik noch eine Klammer für das vielschichtige Praxisfeld, mit dem Familien und ihre Kinder bis zum zehnten Lebensjahr erreicht werden sollen. Neben dieser Bezeichnung eines Praxis- und Tätigkeitsfeldes für Kindheitspädagog*innen und weitere pädagogische Fachkräfte ist das an den Hochschulen zugeordnete Forschungsfeld gemeint. In diesem Zusammenhang sind im Rahmen einer zunehmenden Entmarginalisierung der Kindheitspädagogik auch zahlreiche Publikationsorgane zu kindheitspädagogischen Themen entstanden, die über das Praxisfeld des Kindergartens hinausreichen (Betz & Cloos, 2014, S. 10). Dem von politischer Seite initiierten Duktus folgend soll in dieser Bachelorthesis von Kindheitspädagogik sowie Kindheitspädagog*innen die Rede sein.

3.2 Aktuelle Diskussionsstränge und theoretische Verortungen

Nach einer Darstellung zentraler Begrifflichkeiten und deren Abgrenzung zu nahestehenden Begrifflichkeiten sollen nun im Folgenden Inhalte aktueller Diskurslinien zur Professionalisierung der Kindheitspädagogik folgen. Darüber hinaus werden – es handelt sich in dieser wissenschaftlichen Arbeit schließlich um die theoretische Auseinandersetzung mit Schlüsselkompetenzen und um die Darstellung eines theoretischen Konstruktes eines Kompetenzkanons – vertiefte Einblicke in die aktuelle Forschungslage zu Kompetenzen gegeben werden. Dabei soll der allgemeine Kompetenzdiskurs und der spezielle kindheitspädagogische Kompetenzdiskurs großen Raum einnehmen.

3.2.1 Kindheitspädagogik: Eine Profession im Entstehen?

Mehrfach ist bereits angeklungen, dass sich das Feld der institutionalisierten Kindertagesbetreuung in der Bundesrepublik Deutschland in einem massiven Umbruch befindet. In Kapitel 2 wurden Rahmenbedingungen dafür verortet und ein historischer Abriss zeigte auch Gründe für die momentane Situation eines noch immer weiblich dominierten Arbeitsfeldes, für das Zugänge in Form von Ausbildungen unterhalb des akademischen Niveaus Gang und Gäbe sind. Unter Punkt 3.1.1. wurde der Begriff einer Profession und der Professionalisierung beschrieben und es wurde zudem angedeutet, dass nicht jedes kollektive Professionalisierungsbestreben zwangsläufig zum Entstehen einer Profession führen muss. Es stellt sich nun die Frage, auf welchem Weg sich die Kindheitspädagogik befindet, an welcher Stelle sie gerade steht und wie sich die Entwicklung weiter abzeichnen könnte.

Ein besonderes Schlaglicht wird dabei auf die vermehrte akademische Ausbildung von Fachkräften für das kindheitspädagogische Arbeitsfeld geworfen. Ein erster vergleichender Hinweis zur Einschätzung der momentanen Situation in Deutschland ergibt sich, wenn man den internationalen Blick in andere europäische Staaten wagt. Dort ist nämlich in der überwiegenden Zahl der EU-Staaten, nämlich 22, eine Ausbildung auf akademischem Niveau zumindest für die Kernkräfte mit Verantwortung für eine Kindergruppe in der Arbeit mit drei bis sechs bzw. siebenjährigen Kindern Voraussetzung. In Italien und Portugal ist gar ein Abschluss auf Master-Niveau gefordert (Oberhuemer, 2014, S. 21). Von solchen formalen Qualifizierungsanforderungen an pädagogische Fachkräfte ist die Situation in Deutschland weit entfernt. Dabei hat sich die Situation auch hierzulande in den vergangenen Jahren geändert. Mitgetragen vom bereits erwähnten Bologna-Prozess zur Modularisierung und Internationalisierung von Studiengängen war der Zündfunke zum bundesweiten Ausbau von akademischen kindheitspädagogischen Ausbildungsgängen an Hochschulen zum Ersten die Bewilligung eines solchen Studienganges vom Berliner Senat 2003 sowie zweitens die Initiative *Profis in Kitas* der Robert-Bosch-Stiftung (Altermann, Holmgaard, Klaudy & Stöbe-Blossey, 2015, S. 10). Und aus dem Blickwinkel der Statistik gesehen hat sich seither auch einiges verändert. So ist die Gesamtzahl des pädagogischen und leitenden Personals (inklusive öffentlich geförderter Kindertagespflege) seit 2006 in Folge der Einführung der Rechtsansprüche ab einem Jahr um über 217.000 Kräfte bzw. 62% gestiegen. Die Zahl der im Berufsfeld tätigen Kindheitspädagog*innen hat von 2012 bis 2016 in einem Zeitraum von nur vier Jahren einen Zuwachs von 351% auf gut 3.500 verzeichnet. Dabei ist die Zahl von gut 3.500 bei insgesamt 570.663 Tätigen natürlich verschwindend gering und selbst noch im Vergleich zu anderen akademischen Berufsgruppen wie Sozialpädagog*innen bzw. Sozialarbeiter*innen oder Erziehungswissenschaftler*innen niedriger (Autorengruppe Fachkräftebarometer & Deutsches Jugendinstitut, 2017, S. 31).

Dabei sind die Ansichten und Perspektiven auf die Akademisierung gewissermaßen als Heilsbringer, Motor und Aushängeschild für den kollektiven Professionalisierungsprozess der Kindheitspädagogik uneinheitlich. Unterschiedliche Fragestellungen werden im Zusammenhang mit der im Entstehen begriffenen Profession einer Kindheitspädagogik diskutiert. An dieser Stelle sollen einige Diskussionsebenen dargestellt werden, wobei aufgrund der momentan immensen Zahl an Veröffentlichungen zum Thema in dieser Bachelorthesis kein Anspruch auf eine vollständige Abbildung von Meinungen und Diskussionslinien gehegt werden kann.

Betrachtet man die Anforderungen, die seitens der Politik und Gesellschaft in Form bildungsorientierten Erwartungen oder als Ergänzung und Unterstützung von immer heterogener werdenden Familienstrukturen an das System der Kindertagesbetreuung gestellt werden, stellt sich die Frage, wie auf diese Anforderungen zu reagieren ist. Damit eng verbunden ist auch die Frage nach der notwendigen Qualität, die zur Bewältigung dieser Aufgaben und Anforderungen notwendig ist. Somit stellt sich weiter die Frage nach dem Zusammenhang der Aspekte Professionalisierung und Qualität, die etwa in folgender Form beantwortet werden kann: „Die Auseinandersetzung mit Professionalisierung zielt darauf ab, wie dadurch die pädagogische Qualität zu steigern und auf welche Faktoren dies zurückzuführen ist" (Friederich & Schoyerer, 2016, S. 40). Es bleibt allerdings zu fragen, auf welchem Weg diese gesteigerte Qualität im Rahmen der Professionalisierung zu erreichen ist. Lange Zeit war eine Fokussierung auf Qualifikationen als maßgebendes formales Kriterium einzelner Fachkräfte normal; jedoch ist inzwischen – parallel zur Diskussion um die konstituierenden Eigenschaften des Professionsbegriffes (siehe Kapitel 3.1.1) – ein Fokus auf das pädagogische Handeln zu sehen. Jedoch muss hier angemerkt werden, dass für eine grundlegende Anhebung der Qualität in Kindertageseinrichtungen lediglich die Ebene individuellen pädagogischen Handelns wohl nicht ausreichend ist (Friederich & Schoyerer, 2016, S. 39). Allerdings ist die derzeitige wissenschaftliche Forschungslage darauf nicht ausgerichtet. Grundsätzlich lässt sich sagen, so Peter Cloos, der das kindheitspädagogische Forschungsfeld untersucht hat: „Insgesamt liegen zur Kindheitspädagogik nur ansatzweise makrosoziologische Betrachtungen zum Berufssystem vor. Daneben sind eine Vielzahl an Studien zu identifizieren, die eher individuumszentriert Kompetenz und

Performanz untersuchen oder mikrosoziologisch orientiert sind" (2014, S. 109). Dabei reicht es nicht aus, lediglich die individuelle Ebene der Fachkräfte in den Blick zu nehmen, ebenso von Bedeutung ist auch die Einbeziehung der berufsfeldeigenen weiteren Akteure und deren organisationskulturellen Eigenheiten. Dabei stehen die Träger und die Organisationen der Kindertageseinrichtung im Vordergrund der zu untersuchenden Materie. So kann und muss der Stand der Professionalisierung des Systems der Kindertageseinrichtungen vor allen Dingen auch vor dem Hintergrund der Gestaltung der jeweiligen Organisation in den Blick genommen werden. Professionalisierung auf individueller Ebene muss verknüpft werden mit der Professionalisierung auf Organisationsebene (Altermann et al., 2015, S. 13). Jedoch scheint dies bei der in der Bundesrepublik Deutschland so differenzierten und heterogenen Trägerlage und auch wegen der in den Bundesländern doch uneinheitlichen Gesetzes- und Verordnungslage nicht so einfach. Neben Kindergärten, die sich noch im direkten Verantwortungsbereich des Gemeindepfarrers befinden, gibt es große städtische Kitas, die je nach Kommune und auch Bundesland unterschiedlich geführt werden oder auch eine Vielzahl an weiteren eingetragenen Vereinen, die etwa in Form von Elterninitiativen Kindertageseinrichtungen betreiben.

Als ein Hinweis auf den Stand der Professionalisierungsbemühungen mit dem Augenmerk auf eine Akademisierung vor dem Hintergrund der Rolle der Träger kann auf die WiFF-Studie *Kindheitspädagoginnen und -pädagogen im Kita-Team* verwiesen werden, in der auch Träger nach ihrer Sicht auf die Akademisierung und den vermehrten Einsatz von Akademiker*innen in Kitas befragt wurden. Etwa drei Viertel der befragten Trägervertreter*innen äußerten sich kritisch zum Einsatz von akademisch ausgebildeten Fachkräften im Kita-Team; finanzielle Gründe sowie Gründe der Intransparenz in der Beurteilung waren für sie ausschlaggebende Gründe (Altermann et al., 2015, S. 15). Insofern lässt sich eher ein tendenziell abgeneigtes Bild gegenüber dem Thema Akademisierung zumindest auf Trägerseite vernehmen. Werden Absolvent*innen nach einem Studium der Kindheitspädagogik in Kita-Teams angetroffen, unterscheidet sich deren Einsatz oft danach, ob sie ein grundständiges Studium ohne vorherige Berufserfahrung absolviert haben oder ein berufsbegleitendes Studium getätigt und damit bereits Berufserfahrung vorzuweisen haben. Kindheitspädagog*innen ohne Berufserfahrung finden sich meist im Gruppendienst wieder, allerdings sehen sie diese Funktion eher als Durchgangsstation an. Unterschiede zu nicht akademisch ausgebildetem Personal wurden bei den akademischen Kindheitspädagog*innen in Bezug auf berufliche

Handlungsvollzüge und Haltungen wahrgenommen: Neben einem vertieften Fachwissen und einem wissenschaftlichen Hintergrund konnten auch ein anderer, elaborierterer Sprachstil, eine stärker wissensbasierte Begründung eigenen Handelns und „somit in der Tat ein anderer Habitus" festgestellt werden (Altermann et al., 2015, S. 35–36).

Aber es klingt in der kindheitspädagogischen Fachdiskussion durchaus auch ein anderer Tenor an, wenn es um die Akademisierung als Dreh- und Angelpunkt für die Professionalisierungsbestrebungen geht. So können verschiedene Perspektiven auf die Professionalisierungsthematik angetroffen werden, die hier zusammenfassend auf der Grundlage der Ausführungen von Tina Friederich und Gabriel Schoyerer vorgestellt werden sollen. Rein formale Modelle sehen als Gradmesser von Professionalität die formalen Abschlüsse der in unserem Fall pädagogischen Fachkräfte. Der Erwartungshaltung, dass allein dies zu einer höheren Qualität führen kann, kann wohl eine Absage erteilt werden. Unterschiedliche Studien – darunter auch die NUBBEK-Studie (Tietze et al., 2012) sehen keinen direkten Zusammenhang bzw. keinen signifikanten Unterschied zwischen Kindertagespflegestellen zu Krippengruppen, in denen ja in der Regel zumindest fachschulisch ausgebildetes und somit formal qualifiziertes Personal anzutreffen ist. Im Übrigen ist die Einschätzung von Professionalität und damit Qualität aufgrund eines Kriteriums schon auf den ersten Blick sehr eindimensional und dem so heterogen ausgestalteten Tätigkeitsfeld nicht angemessen.

Indikatorengestützte Professionalisierungsmodelle, die inzwischen auch nicht mehr als angemessen gelten, stützen sich neben einer akademischen Ausbildung auf Kernmerkmale wie bestimmte Zugangsbarrieren oder ein hohes soziales Prestige.

Fall- sowie feldbezogene bzw. pragmatische Professionalisierungsmodelle erfassen den Grad an Professionalität über Befragungen der Fachkräfte im Hinblick auf ihre Tätigkeiten. Die *WiFF-Studien* gelten als Beispiele dafür.

Neben den nicht als weiterführend dargestellten evidenz- bzw. effizienzbasierten Modellen sind noch kompetenzdiagnostische Professionalisierungsmodelle zu nennen. Dabei werden auf dem Hintergrund von theoretisch entwickelten Kompetenzprofilen bestimmte Kompetenzmerkmale als Professionalitätselemente verstanden. Diese Bachelorthesis mit dem Inhalt eines Kompetenzkanons bezieht sich in ihrer Struktur auf ein solches kompetenzdiagnostisches Professionalisierungsmodell (Friederich & Schoyerer, 2016, S. 41–44). Weitere Ausführungen dazu finden sich in den beiden folgenden Kapiteln 3.2.2 und 3.2.3.

Neben professionstheoretischen Diskussionen und Überlegungen wird auch vielfach über Nähe und Distanz der sich professionalisierenden Wissenschaftsdisziplin der Kindheitspädagogik zu anderen wissenschaftlichen Disziplinen diskutiert. Da sich das Feld dieser neuen Disziplin im Aufbruch befindet, darf durchaus die Frage danach gestellt werden, in welche Richtung sich diese neue wissenschaftliche Disziplin bewegt. Ebenso stellt sich damit die Frage, aus welchen Leitdisziplinen sich diese Professionalisierung speist. Historisch gesehen war das Feld der Kindertagesbetreuung unter dem Fürsorgecharakter eng mit der Sozialen Arbeit verbunden. Jedoch ist durch unterschiedliche Geschehnisse wie dem Schlagwort einer frühen Bildung und der Einreihung des Kindertagesbetreuung als unterstes Glied der Bildungsinstitutionen eine Annäherung hin zum Bildungssektor zu verzeichnen. Institutionen der Kindertagesbetreuung als elementare Bausteine im schulischen Bildungssystem zu sehen bedeutet auch: „Die Schulpädagogik offeriert der Kindertagesbetreuung ihr Wissen und ihre Deutungsmuster" (Eßer, 2014, S. 37). Daneben ist auch eine Annäherung in Richtung der Entwicklungspsychologie bzw. Entwicklungsdiagnostik zu verzeichnen, die sich im pädagogischen Alltag in Erhebungen bestimmter kindlicher Entwicklungsbereiche wie etwa Sprachstandserhebungen oder auch der *Grenzsteine der Entwicklung*, die auf Richard Michaelis von der Universität Tübingen zurückgehen, manifestieren. Bei all dem soll und darf, so Florian Eßer, nicht die traditionelle Nähe und die Vorteile einer engen Anbindung an die Soziale Arbeit in den Hintergrund treten. Gründe dafür sind etwa die sowohl der pädagogischen Fachkraft als auch den Professionellen in der Sozialpädagogik abverlangte Notwendigkeit einer Positionierung innerhalb komplexer und vielschichtiger Beziehungsstrukturen, deren Teil er oder sie zwangsläufig wird. Daneben sind es Fragen nach Gerechtigkeit und kompensatorischem Handeln, die sowohl in der Kindertagesbetreuung als auch in der Sozialen Arbeit als konstituierendes Merkmal auch bei handlungsorientierten Professionsvorstellungen kennzeichnend sind. Gleichermaßen ist die Abhängigkeit von organisationalen Rahmenbedingungen in beiden Disziplinen elementar (Eßer, 2014, S. 42–43). So soll vor dem Hintergrund dieser Nähe in dieser Bachelorthesis der Blick über den Tellerrand der Kindheitspädagogik gewagt werden. Aus dem Bereich der Sozialen Arbeit als seit einigen Jahrzehnten fundierte wissenschaftliche Disziplin werden zwei Modelle für Schlüsselkompetenzen für die berufliche Tätigkeit herangezogen.

In diesem Zusammenhang ist auch zu beachten, dass die durchaus zu beobachtenden unterschiedlichen inhaltlichen Schwerpunktsetzungen der inzwischen im Bundesgebiet angebotenen kindheitspädagogischen Studiengänge mit der eben beschriebenen Thematik verschiedener Hilfsdisziplinen zusammenhängen.

Werner Thole formuliert:

> „Damit ist die Konzeptualisierung von elementarpädagogischen Studienprofilen sowohl im Visier von schulpädagogischen als auch von sozialisationstheoretischen, kindheitspädagogischen wie auch sozialpädagogischen Überlegungen – zumindest drei erziehungswissenschaftliche Teildisziplinen reklamieren [...] ihre Kompetenz, Zuständigkeit und Verantwortung für die Stärkung des elementarpädagogischen Profils an Universitäten"

> (2016, S. 22).

Aber neben den inhaltlichen Unterschieden müssen auch formal-strukturelle Unterschiede festgemacht werden. Neben reinen Zertifikatskursen und Weiterbildungsprogrammen, die unterhalb des formalen akademischen Niveaus liegen, werden auch kindheitspädagogische Studiengänge als Nebenfächer, als Kooperationen mit Fachschulen, als Neben- und Hauptstudienfächer an Universitäten und Hochschulen (in Baden-Württemberg *Pädagogische Hochschulen*) und als eigenständige Studiengänge mit einem eigenständigen akademischen Abschluss vorgehalten (Thole, 2016, S. 21–22). Es ist also ein durchaus differenziertes und uneinheitliches Feld vorzufinden, insofern man den Professionalisierungsprozess aus der Perspektive der Verwissenschaftlichung bzw. Akademisierung der Kindheitspädagogik betrachtet.

Zusammenfassend und abschließend lässt sich sagen, dass der Weg hin zum Professionsgrad einer den klassischen drei Disziplinen von Theologie, Medizin und der Rechtswissenschaft gleichen Profession natürlich ein überaus weiter und die Frage offen ist, ob eine kindheitspädagogische Profession je auch nur annähernd ein solches Ziel erreicht. Damit hängt auch zusammen, dass es nach einem anfänglichen Gründungsboom nun zu einem Stillstand im Entstehen von akademischen kindheitspädagogischen Ausbildungsstätten gekommen ist und eine Schwerpunktverlagerung von der Fachschul- zur Hochschulausbildung nicht in Sicht ist, es sogar eher umgekehrt aussieht (Pasternack, 2016, S. 107).

Zwar ist das Sozialprestige pädagogischer Fachkräfte in den letzten Jahren gestiegen und die frühe Bildung anerkannter, jedoch sind die Gründe wohl nicht in der

Teilakademisierung zu finden – wohl eher in den gesellschaftlichen Debatten (Balluseck, 2016, S. 9; Pasternack, 2016, S. 110).

Auch beim Thema Geschlechtermischung, einem ebenso breit diskutierten Aspekt in deutschen Kindertageseinrichtungen, und beim Thema Einkommensentwicklung hat die vermehrte akademische Ausbildung wohl keine Zugkraft entwickeln können (Pasternack, 2016, S. 115).

Umso wichtiger erscheint es, sich dem Thema Professionalisierung und damit dem Thema dieser Bachelorarbeit aus dem Blickwinkel eines kompetenztheoretischen Professionalisierungsmodells zu nähern.

3.2.2 Aspekte des allgemeinen Kompetenzdiskurses

Inflationär scheint die Verwendung des Kompetenzbegriffes in vielen gesellschaftlichen Bereichen in Medien, in Publikationsorganen unterschiedlicher Couleur. Und auch in der Kindheitspädagogik hat der Begriff natürlich Verwendung gefunden. In welchem Umfang und unter welchen Vorzeichen genau, soll im folgenden Kapitel 3.2.3 beleuchtet und vor dem Hintergrund des zu entwickelnden Kompetenzkanons ausgebreitet werden. Als quasi logische Vorleistung dafür wird der allgemeine Kompetenzbegriff und damit verbundene unterschiedliche Aspekte in diesem Kapitel erörtert.

Grundsätzlich lässt sich für das Feld der Kompetenzforschung auf bestimmten wissenschaftlichen Gebieten und wohl auch allgemein sagen, dass trotz bestimmter Rahmenbedingungen und Vorgaben etwa von internationaler Seite wie von der OECD durchaus Uneinigkeit über ein einheitliches Kompetenzkonzept herrscht. Zum einen können Kompetenzen nicht für alle Lernenden und für alle Kontexte einheitlich benannt werden. Damit einher geht eine große Diversität und Fülle bei der Art der Methoden zur Bestimmung von Kompetenz an sich: So stehen etwa qualitative Methoden quantitativen und daneben Methodenmischungen gegenüber (Haan & Bormann, 2008, S. 8).

Jedoch lässt sich eine grundlegende und nebenbei auch von politisch-europäischer Seite initiierte Aussage folgendermaßen darlegen: Der moderne Kompetenzbegriff und das Thema lebenslangen Lernens hängen eng miteinander zusammen. Sich der auch auf wirtschaftlicher Ebene stellenden Herausforderung einer immer stärker vernetzten und globalisierten Welt soll mit einer Offensive für lebenslanges Lernen entgegnet werden, um weltpolitisch nicht den Anschluss zu verlieren, vielmehr sogar noch wirtschaftlich wettbewerbsfähiger und gesellschaftlich leistungsbetonter zu werden (Fröhlich-Gildhoff et al., 2014, S. 13; Gnahs, 2010, S. 15). In diesem Zusammenhang ist auch die Neubewertung informeller Bildung und informellen Lernens von großer Bedeutung. Mit der über das klassische bildungsbiografische Muster von Schule, Ausbildung und Studium in Kinder-, Jugend- und Adoleszenzphase hinausgehenden Vorstellung des lebenslangen Erwerbs von Kompetenzen geht auch selbstverständlich die Vorstellung eines Erwerbs eben dieser Kompetenzen auf nicht formal-qualifizierendem Weg einher.

Dabei steht auch eine Vergleichbarkeit und Anrechenbarkeit von Kompetenzen, die nicht auf klassischem formal-qualifizierendem Weg erworben werden, im Mittelpunkt. Wie ist es möglich, Ergebnisse eines solchen außerschulischen, im Beruf und weiteren Alltag stattfindenden Lernprozesses und damit erworbener Fähigkeiten, Kenntnisse und Fertigkeiten zu dokumentieren, zu erfassen und im Nachgang standardisieren und anrechnen zu können? In diesem Zusammenhang gibt es seit einigen Jahren nun Initiativen zur Hervorhebung und Transparentmachung informeller Lernprozesse wie z.B. auf EU-Ebene der Europäische Lebenslauf, Computerführerschein, Europäisches Sprachenportfolio u.a. Zur besseren Vergleichbarkeit auf internationaler Ebene gibt es Anstrengungen wie den Europäischen Qualifikationsrahmen und das Europäische Kreditpunktesystem für die berufliche Bildung (Gnahs, 2010, S. 16).

Im Zusammenhang mit dem Blick auf die informell stattfindenden Lernprozesse und deren Ergebnisse in Form von Kompetenzen und damit Wissen und Fertigkeiten gibt es einen Paradigmenwechsel zu beobachten: Eine Verschiebung der Perspektive auf das Lernen von einer Input- zu einer Outcome-Orientierung. „Die Qualität von Lernsettings und -prozessen erweist sich demnach nicht in dem, was die Lehrenden einspeisen, sondern auf der Ebene der Bewältigung von immer neuen und komplexen – oft unsicheren und ungewissen – beruflichen Anforderungssituationen" (Fröhlich-Gildhoff et al., 2014, S. 13).

Angemerkt werden sollte hierbei, dass Deutschland sich in der Kompetenzdebatte im internationalen Vergleich nicht auf einem Spitzenplatz befindet, da hierzulande „durch das deutsche Berufsbildungssystem ein hoher Grad an Formalisierung erreicht ist, der in anerkannten Zertifikaten seinen Niederschlag findet" (Gnahs, 2010, S. 18).

Um sich nun auf einer theoretischen Ebene dem Begriff und den konstituierenden Elementen von Kompetenz zu nähern, ist zuallererst aus Sicht des Verfassers die grundlegende Unterscheidung in Disposition und Performanz zu tätigen. Diese ursprünglich auf den Sprachwissenschaftler Noam Chomsky zurückreichenden Formulierungen aus Sicht der Sprachwissenschaft lassen sich auch heute auf gängige Kompetenzmodelle übertragen und sind noch immer von großer Bedeutung (Gnahs, 2010, S. 19). Dabei geht es einerseits um die prinzipielle Fähigkeit bzw. Veranlagung eines Menschen, eine Handlung zu erbringen (Disposition) sowie andererseits um die in einer Situation tatsächlich erbrachte Leistung (Performanz).

Als weitere elementare Merkmale im Zusammenhang mit der Orientierung auf Kompetenz werden erstens die Situationsbezogenheit von Kompetenz, die zweitens in dieser Situation konkret hervorgebrachte Handlung und damit Sichtbarmachung von Kompetenz, drittens die Subjektgebundenheit von Kompetenz an die jeweilige Person sowie viertens grundsätzliche Erlernbarkeit und Förderbarkeit von Kompetenz benannt (Fröhlich-Gildhoff et al., 2014, S. 16).

Dieter Gnahs sieht als Bedingung von Performanz – also der konkreten Ausgestaltung kompetenten Handelns in einer Situation – einige Elemente als konstituierend an, die im Folgenden beschrieben werden sollen. Die Komponente *Wissen* beinhaltet Kenntnisse von Regeln sowie Fakten. Bei der Komponente *Fertigkeiten* geht es um „sensumotorische Aspekte des individuellen Leistungsvermögens", wohingegen der Baustein *Dispositionen* bestimmte Persönlichkeitseigenschaften der handelnden Person bezeichnet. In diesem Zusammenhang werden als Beispiel für eine zurzeit gängige Zusammenschau relevanter Persönlichkeitseigenschaften die sogenannten *Big Five* benannt, auf die noch weiter im Verlauf der Thesis eingegangen werden soll. Handelt es sich bei der Komponente *Werte* um persönliche Haltungen sowie Einstellungen, handelt es sich beim Baustein *Motivationen* um emotionale Aspekte, Triebkräfte sowie individuelle, das jeweilige Handeln mitbedingende Interessen (Gnahs, 2010, S. 24–25).

Um sich einem dem Kompetenzbegriff untergeordneten Begriff – demjenigen der Schlüsselkompetenz – zu nähern, ist aus Verfassersicht die Festlegung eines Attributes, das eine Schlüsselkompetenz als zentrale Kompetenz ausweist, hilfreich. Ein solches Attribut kann der Begriff der Reflektivität liefern. In der Auseinandersetzung mit der Begriffsklärung von Kompetenz war in Kapitel 3.1.2 bereits von der gängigen OECD-Definition des Kompetenzbegriffes die Rede. In diesem Zusammenhang ist das OECD-Projekt DeSeCo (Definition and Selection of Competencies) von Bedeutung. Zur Auseinandersetzung mit dem Begriff der Schlüsselkompetenz wurde Folgendes konstatiert: „In DeSeCo verwenden wir den Begriff Reflektivität, der sich auf das erforderliche Kompetenzniveau bezieht. Gemeint sind über das Entweder-Oder hinausgehende Fähigkeiten wie vernetztes Denken, Kreativität, eine kritische Haltung, ein hohes Problembewusstsein, Metakognition (Denken über das Denken)" (Rychen, 2008, S. 17). Damit steht der Gedanke im Zusammenhang, dass für die Beantwortung einer komplexen Situation, Fragestellung etc. eine rein kognitive Fähigkeit wie die lediglich Wiedergabe von Wissen schlicht nicht ausreicht.

3.2.3 Der Kompetenzdiskurs in der Kindheitspädagogik

Der alltägliche Tätigkeitsbereich von Fachkräften in deutschen Kindertageseinrichtungen im Kontakt mit Kindern, Kolleg*innen, Eltern, aber auch Vorgesetzten sowie Trägervertreter*innen ist aus unterschiedlichen Gründen einem Höchstmaß an Heterogenität unterworfen. Politisch gewollten unterschiedlichen Trägerstrukturen folgen unterschiedlich zusammengesetzte Teams verschiedener Berufe, unterschiedliche Verfahren zur Qualitätsbestimmung und -entwicklung, falls überhaupt vorhanden und unterschiedliche Beobachtungsverfahren werden eingesetzt. Daneben sind auch Herausforderungen zu sehen wie eine sich immer heterogener gestaltende gesellschaftliche Durchmischung: Der Vielfalt an unterschiedlichen Migrationshintergründen und kulturellen Hintergründen steht eine Vielfalt an Lebensentwürfen sowie Vorstellungen des Zusammenlebens gegenüber. Daneben sind auch soziale Ungleichheiten und damit verbundene Vorstellungen von gleicher sozialer Teilhabe wertleitend und gleichsam bestimmend für die Anforderungen an die Kindertagesbetreuung (Anders, 2012, S. 8; Fröhlich-Gildhoff, Weltzien, Kirstein, Pietsch & Rauh, 2016, S. 76). Auf diesen Themenkomplex gesellschaftlicher Rahmenbedingungen wurde bereits in Kapitel 2.1.1 eingegangen. Mit diesen sehr unterschiedlichen Gegebenheiten auf unterschiedlichen Ebenen gehen höchst unterschiedliche Voraussetzungen und Erwartungen an pädagogisches Handeln einher. So lässt sich als grundlegende Aussage formulieren, dass pädagogische Fachkräfte in den Handlungsfeldern deutscher Kindertageseinrichtungen tagtäglich mit höchst unterschiedlichen Handlungsanforderungen, Problemstellungen sowie unbekannten Herausforderungen konfrontiert sind. Ein weiterer Aspekt der pädagogischen Praxis ist die Unberechenbarkeit und Unvorhersehbarkeit von Situationen im Umgang mit anvertrauten Kindern, Eltern, Kolleg*innen, Vorgesetzten und weiteren Personenkreisen.

Es ist vor diesem Hintergrund nicht verwunderlich, dass sich im kindheitspädagogischen Fachdiskurs der Fokus bei der Frage nach einer Kompetenzorientierung tendenziell auf die Perspektive des Handlungsvollzugs gelegt hat. Diese Annäherung an handlungsbezogene Ansätze und Deutungslinien des sowieso schon unterschiedlich ausbuchstabierten Kompetenzbegriffs kann allgemein als eine praxeologische Perspektive von Kompetenzdeutung umschrieben werden.

Es geht also darum, in allermeist sozialen Situationen von Unvorhersehbarkeit und Unberechenbarkeit sowie einem antinomischen Spannungsgefüge zwischen von unterschiedlichen Seiten geforderten Soll und oft als unzureichend empfundenem Ist im Handlungsvollzug mit unterschiedlichsten Personengruppen unterschiedlichen Alters kompetent zu werden, zu bleiben und seine Kompetenz weiterzuentwickeln.

Das im Moment wohl maßgebliche theoretische Modell zur Beschreibung von allgemeinen Kompetenzen für frühpädagogische Fachkräfte wurde von Klaus Fröhlich-Gildhoff von der Evangelischen Hochschule Freiburg, Iris Nentwig-Gesemann von der Alice-Salomon-Hochschule Berlin sowie Stefanie Pietsch (ebenfalls EH Freiburg) 2011 entwickelt. Im Grundzug lässt sich in diesem Modell eine Differenzierung des Kompetenzkonstruktes in die Dimensionen von Disposition einerseits und Performanz andererseits feststellen. Diese Begrifflichkeiten von Disposition und Performanz erscheinen im Zusammenhang mit dem Thema Kompetenz wie beschrieben erstmals bei Chomsky, werden aber auch im allgemeinen Kompetenzdiskurs z.B. bei Dieter Gnahs erwähnt und dienen auch in der kindheitspädagogischen Diskussion als grundlegende Basisbegrifflichkeiten zur Beschreibung eines Kompetenzmodelles. Aufgrund seiner Maßgeblichkeit und Aktualität in der Kindheitspädagogik soll an dieser Stelle noch etwas genauer darauf eingegangen werden. Die potentielle Handlungsmöglichkeit einer Kompetenz – die Disposition – beinhaltet nach Fröhlich-Gildhoff, Nentwig-Gesemann und Pietsch drei Arten von Wissensbeständen: Fachlich-theoretisches (explizites) Wissen, habituelles und reflektiertes (implizites) Erfahrungswissen sowie drittens prozedurales, methodisches Wissen (auch bezeichnet als methodische Fertigkeiten). Soziale Fertigkeiten werden neben oben genannten Wissensbeständen ebenso als Teilmodul der Disposition genannt: Fähigkeit zur Perspektivenübernahme und Empathiefähigkeit, Kritik- sowie Kompromissfähigkeit, aber auch Anerkennung/Toleranz sowie Inklusionskompetenz. Zwei weitere Einflussfaktoren innerhalb des Konstruktes der Disposition in diesem Kompetenzmodell der Frühpädagogik werden benannt: Die aktuelle Motivationslage zum einen und der Aspekt der Situationswahrnehmung und Situationsanalyse zum anderen.

Auf der Seite der Performanz – dem konkreten Handlungsvollzug in Praxissituationen – korrelieren und überschneiden in diesem Modell zwei Arten des Handlungsvollzugs die Handlungssituation: Zum einen muss die pädagogische Fachkraft situativ spontan und unter Druck handeln; auf der anderen Seite verlaufen Handlungen jedoch auch vorab geplant und dadurch mitunter wissenschaftlich-reflexiv durchdacht oder theoretisch unter Zuhilfenahme impliziten Erfahrungswissens begründet.

Den zirkulären Charakter dieses Kompetenzmodells und einen zentralen, wesentlichen Grundzug macht nicht zuletzt der Aspekt der Analyse und Evaluation aus. Die Ergebnisse von Analyse und Evaluation fließen im Regelfall wieder in die der Kompetenz-Teildimension Disposition zugehörigen Wissensbestände ein.

Abhängig von äußerlich unterschiedlich gewichtbaren und gewichteten Festsetzungen wie beispielsweise gesellschaftlichen sowie fachwissenschaftlichen oder gar politischen Rahmenbedingungen ist zwangsläufig auch der jeweilige Bedeutungsinhalt, der dem Thema Professionalität beigemessen wird. So ist auch davon abhängig, was jeweils als kompetent im Handeln der pädagogischen Fachkraft gesehen und bestimmt wird.

Ebenso ist es im Rahmen der Vorstellung dieses Kompetenzmodells von Fröhlich-Gildhoff et al. notwendig, auf allgegenwärtige Rahmenbedingungen und Kontextfaktoren hinzuweisen, die in Form von „strukturellen und institutionellen Rahmenbedingungen – eine wichtige Bedeutung für die Entfaltung von Kompetenz" haben (Fröhlich-Gildhoff et al., 2014, S. 22–23).

4 Schlüsselkompetenzen für heute und morgen

Gewissermaßen als Kern dieser Bachelorthesis soll in diesem Kapitel eine Vor- und ausführliche Darstellung von Schlüsselkompetenzen für pädagogische Fachkräfte erfolgen. Die Darstellung soll in der Form erfolgen, dass zur Darstellung und Beschreibung der Kompetenzen auch eine Benennung der jeweiligen Autoren, Studien sowie Modellen und sonstiger Quellen erfolgt. Dabei sollen maßgeblich die Kompetenzmatrix von Fröhlich-Gildhoff, Weltzien, Kirstein, Pietsch und Rauh untersucht werden. Gleichermaßen soll das allgemeine Kompetenzmodell für die Frühpädagogik von Fröhlich-Gildhoff, Nentwig-Gesemann und Pietsch unter die Lupe genommen werden. Dieses Modell hat inzwischen einen hohen Stand an Akzeptanz und Etablierung erfahren, es wird in vielen Veröffentlichungen zitiert. Außerdem soll ein Blick in Vorgaben und Modelle aus der kindheitspädagogischen Qualitätsentwicklung durch die Einbeziehung des Nationalen Kriterienkataloges vorgenommen werden. Komplettiert wird das Themenfeld mit einem Blick über den Tellerrand hinaus durch Bewertung von Schlüsselkompetenzmodellen aus der Sozialen Arbeit, welche als Nachbarwissenschaft und Orientierungsdisziplin der Kindheitspädagogik gilt. Ebenso wird bei einer Schlüsselkompetenz ein Rückgriff auf Erkenntnisse aus der Erziehungswissenschaft in Form der Lehrerforschung gemacht, die sich ebenso als Nachbardisziplin mit ihren Erkenntnissen der Kindheitspädagogik anbietet.

4.1 Verortung in aktuellen Kompetenzmodellen

Es gibt eine inzwischen gängige Unterscheidung, was den formalen Aufbau unterschiedlicher Kompetenzmodelle angeht. Dabei lassen sich im Großen und Ganzen in der Literatur drei verschiedene Modelle darstellen: Zum Ersten werden Struktur- bzw. Komponentenmodelle benannt, zweitens Stufen- bzw. Entwicklungsmodelle und drittens Prozessmodelle bzw. Matrixmodelle.

Die erstgenannten Strukturmodelle sowie Komponentenmodelle stellen eine sozusagen horizontale Einteilung einer Kompetenz bzw. von Kompetenzen in inhaltliche Teilbestandteile oder Teildimensionen dar und versuchen auf diese Weise, zu strukturieren und zu systematisieren. Unterschieden werden kann hierbei zwischen dreidimensionalen und vierdimensionalen Kompetenzmodellen. Strukturierende Kompetenzteildimensionen, die zusammen die Kategorie Handlungskompetenz bilden und die sich auch in fachwissenschaftlichen berufsbildenden Diskussionen durchgesetzt haben, sind: Fachkompetenz, Selbstkompetenz, Methodenkompetenz und Sozialkompetenz. Sie sind auch im *Deutschen Qualifikationsrahmen (DQR)* wieder zu finden (Fröhlich-Gildhoff et al., 2011, S. 15).

Stufenmodelle sowie Entwicklungsmodelle auf der anderen Seite stellen sozusagen die vertikale Dimension von Kompetenz im Unterschied zur horizontalen ab. Je höher die einzelnen Stufen auf solch einer vertikalen Skala in einem Kompetenzbereich sind, desto höher sich auch die jeweiligen Fertigkeiten. Sind untere Stufen einer Kompetenz z.B. durch schnelle Abrufbarkeit eines spezifischen Wissens gekennzeichnet, zeichnen sich höhere Stufen durch stärkere Komplexität etwa von Zusammenhangs- und Reflexionswissen aus.

Daneben werden in der Literatur noch sogenannte Prozessmodelle sowie Matrixmodelle beschrieben, die im Bereich der kindheitspädagogischen Fachdiskussion momentan am stärksten vertreten sind. Kontinuierliche zirkuläre Prozesse von „Wissen und Verstehen, Analyse, Recherche (und ggfs. Forschung), Planung, Organisation und Durchführung sowie Evaluation" werden darunter verstanden (Fröhlich-Gildhoff et al., 2014, S. 20–21). Orientierung geben dabei prozesshafte Eigenheiten von täglichem professionellem Handeln. Dem Begriff der Matrixmodelle liegt wiederum die Idee zugrunde, dass sozusagen die horizontale Dimension der Struktur- und Komponentenmodelle mit der vertikalen Dimension von Stufen- bzw. Entwicklungsmodellen beispielsweise in Form von Niveaus verknüpft werden soll.

Durch die Fragestellung nach Schlüsselkompetenzen für die im Alltag von Kindertagesstätten handelnden pädagogischen Fachkräfte als Hauptfragestellung in dieser Bachelorthesis ist es unerlässlich, eine Einordnung des im folgenden Kapitel vorzustellenden Kanons von Schlüsselkompetenzen in die oben genannten Modelle vorzunehmen.

Aus Gründen der Darstellbarkeit soll im folgenden Kapitel die Aufzählung der Schlüsselkompetenzen zunächst im Rahmen eines Struktur- bzw. Komponentenmodells erfolgen. Dazu kommt, dass sich die Nebeneinanderstellung von Schlüsselkompetenzen als sich gegenseitig inhaltlich ergänzende, miteinander vernetzte und teilweise überschneidende, jedoch trotzdem inhaltlich voneinander abgrenzbare Teildimensionen eines denkbaren Konstrukts von kindheitspädagogischer Kompetenz auf einer horizontalen Ebene anbietet.

Es ist dem Verfasser dieser Thesis ein Anliegen, seinen Kompetenzkanon so grundlegend und basal wie möglich auszurichten. Schließlich geht es nicht um die Aufzählung erweiterter und spezifischer Wissensdimensionen, sondern es geht um stets abrufbare, über einen längeren Zeitraum von Studium einsozialisierte hochentwickelte Fähigkeitsdimensionen, die als Kompetenzen einem Bildungsstandard pädagogischer Fachkräfte entsprechen (vgl. Kapitel 3.1.2 zu den Begrifflichkeiten).

4.2 Ein Kompetenzkanon für die Kindheitspädagogik

Betrachtet man das Wort ‚Kanon‘ aus einer etymologischen Perspektive, so ergibt sich zunächst Folgendes: Das altgriechische Wort κανών kann mit Messstab oder Richtschnur übersetzt werden. So ist in diesem Sinnzusammenhang auch über die lateinische Sprache der Begriff Kanon ins Deutsche eingegangen, wo er etwa im Zusammenhang mit Literaturwissenschaften als Sammlung maßgeblicher Werke oder auch in den Bildungswissenschaften als Sammlung wesentlicher Bildungsinhalte verstanden wird.

So soll dieser Kompetenzkanon auch eine Darstellung wesentlicher und maßgeblicher, grundlegender und aktueller Schlüsselkompetenzen für pädagogische Fachkräfte sein. Gedankliche Ausgangspunkte für die Auswahl der basalen Kompetenzen im vorzustellenden Kanon sollen einerseits übereinstimmende Diskurslinien in aktuellen wissenschaftlichen Veröffentlichungen aus den Bereichen der Kindheitspädagogik sowie der Sozialen Arbeit sein. Anzumerken ist hierbei, dass die Disziplin der Sozialen Arbeit als Orientierungsdisziplin nah verwandt mit der neuen Disziplin der Kindheitspädagogik ist (mehr dazu im Kap. 3.2.1 dieser Thesis zur Profession der Kindheitspädagogik im Entstehen).

Des Weiteren wird auch ein Blick auf Rahmencurricula, Lehrpläne und Aussagen in Qualitätskriterienkatalogen geworfen, zu letztem Punkt dient maßgeblich der *Nationale Kriterienkatalog (NKK)* als Hintergrundportfolio. Hauptgründe dafür sind einerseits seine Aktualität und wissenschaftliche Fundierung, zum anderen ist der *NKK* nicht als trägerabhängiges Qualitätsentwicklungs- oder Qualitätsmessinstrument konzipiert, sondern nimmt eine große Vielfalt und im Nachgang dessen auch eine Konsensfähigkeit aktueller pädagogischer Überzeugungen für sich in Anspruch (Dittrich, Grenner, Hanisch & Marx, 2016, S. 34).

Ausgangspunkt eigener Überlegungen des Verfassers ist natürlich die pädagogische Praxis und ihre Anforderungen an pädagogische Fachkräfte in deutschen Kindertageseinrichtungen. Über Modelle zur Beschreibung von Kompetenzen wie demjenigen inzwischen stark etablierten Modell von Fröhlich-Gildhoff, Nentwig-Gesemann und Pietsch sind ebensolche Anforderungen zur kompetenten Bewältigung von Alltagssituationen mit eingeflossen (Dittrich et al., 2016; Fröhlich-

Gildhoff et al., 2014, S. 21). Maßgabe zur Bestimmung von Kompetenz muss die Realität sein, gleichsam die praxisrelevante Perspektive.

Angemerkt werden muss hierbei erneut, dass im Rahmen dieser Bachelorthesis und dieses Kompetenzkanons kein Anspruch auf Vollständigkeit und Abdeckung jeglicher denkbarer einzelner Handlungsmöglichkeiten in bestmöglicher Weise durch die genannten Schlüsselkompetenzen gehegt werden kann. Dazu ist das Handlungsfeld im Allgemeinen viel zu uneinheitlich und nicht standardisierbar und der Rahmen dieser Thesis zu begrenzt. Dennoch soll gesagt werden: Ohne die im Folgenden genannten Schlüsselkompetenzen, deren notwendige theoretischen Wissensbestände in einem ersten Schritt erlernbar, im weiteren Verlauf von Studium bzw. Ausbildung einstudierbar bzw. einsozialisierbar sind, ist nach Ansicht des Verfassers beste Fachpraxis nicht denkbar. Beste Fachpraxis meint in diesem Zusammenhang beste pädagogische Prozessqualität.

4.2.1 Der forschende Habitus

Eine starke zentrale Rolle bei der Entwicklung, Beschreibung und Weiterentwicklung im noch jungen Feld kindheitspädagogischer Diskussionen und Fachdiskurse zum Themenkomplex Professionalisierung wird dem sogenannten forschenden Habitus beigemessen. Zunächst einmal scheint es notwendig, sich diesem nicht ganz alltäglichen Begriffskonstrukt von der sprachlichen Seite zu nähern. Dabei scheint dem Verfasser die erste bedeutungskonstituierende Komponente des Begriffskonstrukts ('forschend') weniger mit Verständnisschwierigkeiten behaftet als der Begriff 'Habitus'. Das DUDEN Fremdwörterbuch gibt als Synonyme für 'Habitus' die Bedeutungsebenen 'Erscheinung', 'Haltung' und 'Gehaben' zurück (Wermke et al., 2000, S. 371). Die Bedeutungsebene einer Haltung scheint dem Verfasser in diesem Zusammenhang adäquat zu sein, näher kommt dem im Folgenden Dargestellten jedoch der Begriff eines 'Gehabens' mit seiner nach Ansicht des Verfassers deutlich aktiveren Begriffskonnotation. Denn es soll nicht um eine ledigliche Haltung, eine Einstellung gehen, sondern um deutlich mehr: Eine Schlüsselkompetenz mit kognitiven, motivationalen u.a. Anteilen.

Um sich im Zusammenhang mit dem Thema Professionalität in der Kindheitspädagogik dem Begriff des forschenden Habitus als erster und grundlegender Schlüsselkompetenz zu nähern und den Begriff mit Anschaubarkeit zu erfüllen, soll hier in einem ersten Literaturverweis auf die Ausführungen von Dörte Weltzien verwiesen werden. „Der forschende Habitus wurde im Orientierungsrahmen der Robert Bosch Stiftung (2008) als Querschnittsaufgabe ausgearbeitet und gilt als bedeutsamer Faktor für die Kompetenzentwicklung zukünftiger Kindheitspädago-gInnen" (Weltzien, 2014, S. 207). Mit dieser Aussage und der Beschreibung des forschenden Habitus als quasi Querschnittsaufgabe und bedeutsamem Faktor für Professionalisierung ist schon viel über dessen zentrale Bedeutung im fachlichen Diskurs in Form einer Kern-Schlüsselkompetenz gesagt. Er bildet sozusagen einerseits die Grundlage und den Querschnitt, auf dem professionelles und kompetentes Handeln erst möglich wird. Es wird sich aber zeigen, dass er in manchen Modellen auch einen deutlichen Kompetenzcharakter erhält (etwa bei Fröhlich-Gildhoff et al., 2016). Dort wird „eigene Lernbereitschaft und Weiterbildungsbereitschaft / forschende Haltung" als personale Kernkompetenz dargestellt.

In der Fachliteratur bei Weltzien wird die Erkennbarkeit bzw. die Manifestation eines forschenden Habitus festgemacht am Begriff einer „Grundhaltung, die von Aufmerksamkeit, Sicherheit, Lernfreude, Offenheit und Empathie geprägt ist. Er impliziert jedoch darüber hinaus auch die intensive Auseinandersetzung mit pädagogischen Konzepten und Bildungsprogrammen, deren kritische Überprüfung und kontextbezogene Adaption auf das eigene Handlungsfeld" (Weltzien, 2014, S. 213). Bedenkt man, wie heterogen und unterschiedlich ausbuchstabiert die Kontexte und Settings sowie die Rahmenbedingungen, in denen sich frühe Bildung und Betreuung abspielen, sind, gewinnt genau dieser Aspekt der kritischen Überprüfung und kontextbezogenen Adaption auf das eigene Handlungsfeld an enormer Bedeutung (verwiesen wird an dieser Stelle auf Kap. 2.1 dieser Thesis). Es geht, wie sich auch im Folgenden zeigen wird, in der praktischen täglichen Arbeit pädagogischer Fachkräfte nicht nur um reine Reproduzierbarkeit erlernter Fähigkeiten oder Wissensbestände, sondern um kritische Auseinandersetzung und Anpassung gegebener Inhalte. Vorgegebene und damit umzusetzende Inhalte begegnen pädagogischen Fachkräften seit einigen Jahren in Form von bundeslandeigenen Bildungsprogrammen, inzwischen weit verbreiteten Verfahren zu Entwicklung und Management pädagogischer Qualität (als Beispiele: Konzept des *Kronberger Kreises*, *Nationaler Kriterienkatalog* u.a.) oder pädagogischen Konzepten wie beispielsweise den *Bildungs- und Lerngeschichten*.

Fröhlich-Gildhoff, Nentwig-Gesemann und Pietsch messen dem forschenden Habitus ebenso eine überaus zentrale Rolle bei und sehen ihn durchaus auch in einer Schlüsselfunktion:

> „Von zentraler Bedeutung ist hier die grundlegende Fähigkeit, sich methodisch fundiert und sicher einen forschenden – das heißt verstehenden und erklärenden – Zugang zum frühpädagogischen Praxisfeld sowie zur eigenen professionellen Praxis zu erschließen. Dieser forschende Habitus und die mit ihm verbundene professionelle Haltung stellen einen Schlüssel zur Ausbildung frühpädagogischer Kompetenz dar"

(Fröhlich-Gildhoff et al., 2011, S. 18).

Iris Nentwig-Gesemann bezieht in ihrem Beitrag in Hilde von Ballusecks Buch *Professionalisierung der Frühpädagogik* in Zusammenhang mit dem forschenden Habitus deutlich Stellung in Richtung einer kindheitspädagogischen Praxisforschungskompetenz, für welche vertiefte, innerhalb eines Hochschulstudiums zu erwerbende, Kenntnisse und Kompetenzen in sowohl quantitativen als auch qualitativen Forschungsmethoden notwendig seien. Während der gesamten Dauer eines kindheitspädagogischen Studiums sei es als Querschnittsaufgabe einerseits der Dozierenden und natürlich der Studierenden anzusehen, eben solche Praxisforschungskompetenzen einzuüben und auf Dauer einzusozialisieren. Nentwig-Gesemann sieht Praxisforschungskompetenzen als tragendes Element eines forschenden Habitus. „Das Einüben von Praxisforschungskompetenzen stellt eine essentielle Säule des forschenden Habitus dar: Im Rahmen von Lehr-Forschungs-Projekten oder Forschungswerkstätten werden Studierende über einen längeren Zeitraum und von erfahrenen Forscher_innen bei der Planung, Durchführung und Auswertung von praxisbezogenen Forschungsprojekten begleitet" (Nentwig-Gesemann, 2016, S. 242).

Mit der Benennung von einzuübender und einzusozialisierender Praxisforschungskompetenzen zur Generierung einer Querschnitts-Schlüsselkompetenz in Form eines forschenden Habitus zeigt sich auch: Es geht, anders als die Verwendung des synonymen Begriffs forschende ‚Haltung' vermuten lässt, durchaus um kognitive und durch quantitative und qualitative Forschungskompetenzen anzubahnende kognitive Anteile eines wissenschaftlichen Hochschulstudiums.

Des Weiteren wird bei Nentwig-Gesemann Wert auf eine selbstverständlich gewordene Reflexionspraxis alltäglicher Routinen als weiteres Merkmal eines forschenden Habitus gelegt. Von besonderer Bedeutung scheint dem Verfasser dieser Thesis die konkret benannten exemplarischen Umsetzungssituationen in pädagogischer Praxis, anhand derer sich ein forschender Habitus als elementare Schlüsselkompetenz nach Ansicht von Frau Nentwig-Gesemann zeigt: In methodisch-fundierten Fallbesprechungen sowie Intervisionen mit dem Potenzial des Durchbrechens gewohnter Denkmuster, im Entwerfen und Entwickeln von Elternfragebögen mithilfe dafür notwendiger forschungsmethodischer Kompetenzen oder auch bei der Interpretation von videografierten Alltagssituationen durch das kritisch-hinterfragende und forschend-reflektierende Team pädagogischer Fachkräfte (Nentwig-Gesemann, 2016, S. 237). Der forschende Habitus in Form einer grundlegenden Kompetenz kann in einer weiteren Dimensionsbeschreibung als eine Hinterlegung pädagogischer Konventionen beschrieben werden, „die nachträglich aufgrund gemeinsamer Erfahrungen kommunikativ konstruiert werden. Sie tragen insbesondere in uneindeutigen Situationen zu Handlungssicherheit bei" (Selzer, 2015, S. 117). Der Annahme einer im beschriebenen Habitus individuell unterschiedlichen Veranlagung biografischer Erfahrungen könne nach Selzer entgegnet werden, indem durch eine an fachlichen Standards orientierte pädagogische Ausbildung vorgehalten werde.

4.2.2 Beziehungskompetenz

So vielgestaltig die Arbeit im jeweiligen konkreten Handlungsfeld in der frühen Bildung, Erziehung und Betreuung ist, so lässt sich doch eines ganz deutlich hervorheben: Es geht immer um die Arbeit mit Menschen. Sowohl in der Auseinandersetzung in der Gruppe oder im offenen Konzept mit den der pädagogischen Fachkraft anvertrauten Kindern, im morgendlichen oder nachmittäglichen Tür- und Angelgespräch sowie in Entwicklungs- und Beratungsgesprächen mit den Erziehungsberechtigten, in der Zusammenarbeit mit Kooperationspartnern auf eigener Trägerebene, kommunalen oder Beratungs- und Anlaufstellen unter freier Trägerschaft, im eigenen Team der Kita, der Krippe und in so vielen anderen Zusammenhängen: Die Gestaltung von Beziehungen ist das elementare Handwerkszeug pädagogischer Fachkräfte, für das es nicht nur nach Ansicht des Verfassers unerlässlich ist, nicht lediglich auf implizites persönliches Erfahrungswissen zurückzugreifen oder ständig und unreflektiert intuitiv heraus zu agieren.

So unterschiedlich die Adressaten von Interaktionen pädagogischer Fachkräfte heutzutage sind, so unterschiedlich sind auch die Dimensionen und Kompetenzen, die dafür nötig sind, die aber nicht nur aus Sicht des Verfassers unerlässlich und elementar sind. So lassen sich als Adressaten natürlich als Erstes die Kinder im Alter von unter einem Jahr bis zum Austritt aus der Einrichtung nennen, zu denen es eine tragfähige Beziehungsebene aufzubauen gilt. So benennt der *Nationale Kriterienkatalog* in seinem Kapitel über Kernkompetenzen frühpädagogischer Fachkräfte als zweites Bündel an Kernkompetenzen auch folgende: „Empathie, sensitive Responsivität und adaptive Interaktionsgestaltung" (Dittrich et al., 2016, S. 30).

Betont wird hier die Wichtigkeit von professioneller, hier empathischer und sensitiv-responsiver Interaktionsgestaltung für die kognitive und soziale Entwicklung sowie für die gelungene Sozialisierung in die kulturelle und soziale Welt der Kinder.

Aufgegriffen wird die Kompetenz der Beziehungsfähigkeit auch in der im Buch *Qualifikation in der Frühpädagogik* vorgestellten Kompetenzmatrix von Fröhlich-Gildhoff, Weltzien, Kirstein, Pietsch und Rauh. Passend zu dem bereits erwähnten differenten Spektrum an Interaktionspartnern ist hier die Beziehungsfähigkeit aufgegliedert in folgende Handlungsfelder: Arbeit mit Kindern, Zusammenarbeit mit Eltern/Familien, Arbeit in und mit der Institution sowie Vernetzung und Kooperation. Als Konkretisierung einer Beziehungskompetenz im Sinne einer Schlüsselkompetenz wird erläutert, worum es geht: Um eine „grundlegende Fähigkeit, Beziehungen zu anderen Menschen aufzubauen, im wechselseitigen Austausch zu gestalten und zu reflektieren" (Fröhlich-Gildhoff et al., 2016, S. 84).

Weiter erhellend für die hier gewagte Darstellung von Schlüsselkompetenzen für pädagogische Fachkräfte ist ein Blick über den Tellerrand hinaus in die Nachbardisziplin der Sozialen Arbeit. Janina Böcking erläutert in ihrem Werk *Schlüsselkompetenzen im Praxisfeld Sozialer Arbeit – Die Bedeutung der Beziehungskompetenz für professionelle Beziehungsarbeit* recht genau, worum es nach Ansicht des Verfassers auch heute für pädagogische Fachkräfte geht: Sozialen Kompetenzen werde im Allgemeinen auch gesellschaftlich eine große Bedeutung beigemessen; jedoch ist es nach Ansicht der Autorin Böcking ein Fehlschluss, eben jene allgemeinen, meist impliziten sozialen Kompetenzen mit dem Konstrukt einer professionellen Beziehungskompetenz gleichzusetzen. Eine professionelle Beziehungskompetenz in Form von bewusster, kompetent gestalteter Beziehungsführung hat wohl Schnittpunkte mit allgemeinen impliziten sozialen Kompetenzen, unterscheidet sich aber dennoch auch im Auge des Verfassers durch eine wenn nötig professionelle Fähigkeit zur Distanzierung bzw. eine Distanzfähigkeit. Insbesondere gilt das für pädagogische Fachkräfte in der Arbeit mit Erziehungsberechtigten und anderen Klient*innen.

> „Unter Beziehungskompetenz soll grundlegend die Fähigkeit verstanden werden, situativ angemessen mit anderen Individuen in Kontakt zu treten und diesen Kontakt, diese Beziehung zu gestalten. Ein weiterer Aspekt ist auch die Fähigkeit die entstandene und entstehende Beziehung auf der Metaebene zu betrachten"

(Böcking, 2010, S. 23).

Von besonderer Bedeutung erscheint eine solche Beziehungskompetenz vor dem Hintergrund der Tatsache, dass sich Kindertagesstätten mehr und mehr auch im Spannungsfeld sozialer Ungleichheit befinden, sei es in Brennpunktgegenden deutscher Großstädte, aber nicht nur dort. In Form von Familienzentren beispielsweise wird auch heute schon weit über die reine pädagogische Arbeit mit Kindern hinausgehende Beratungstätigkeit durch pädagogische Fachkräfte geleistet. Gerade hier scheinen dem Verfasser Kompetenzen zur reflektierten Beziehungsarbeit von Nöten.

Im Zusammenhang mit Beziehungskompetenz stellt sich natürlich auch die Frage, wie eine solche Schlüsselkompetenz zu vermitteln und zu erwerben ist. Abseits rein kognitiver Wissensvermittlung wie beispielsweise Kommunikationstheorien von Watzlawick oder Schulz von Thun scheint es notwendig, im Rahmen von Möglichkeiten zur Selbsterfahrung im Rahmen eines Studiums bzw. einer Ausbildung soziale Situationen (Fallbesprechungen, Teambesprechungen, Entwicklungs- oder Beratungsgespräche) hin auf ihre kommunikativen sowie metakommunikativen Aspekte zu reflektieren. Eine weitere Möglichkeit des Erwerbs bzw. der Vermittlung von Beziehungskompetenz wird durch Böcking in Form der Supervision als kompetenzfestigend bzw. kompetenzerweiternd ins Feld geführt (Böcking, 2010, S. 50).

Friedrich Maus, Wilfried Nodes und Dieter Röh argumentieren in ihrem Werk Schlüsselkompetenzen der Sozialen Arbeit auch mit einem „personale und kommunikative Kompetenz" genannten Konstrukt. Zu dessen einzelnen Teildimensionen gehört ihrer Ansicht nach neben grundlegendem Wissen über Kommunikationstheorien auch „die Fähigkeit zur systematischen, theoriegeleiteten und methodisch vielfältigen Gesprächsführung sowohl mit einzelnen als auch mit Gruppen" und daneben „die Fähigkeit zum „guten Streiten", d.h. die Fähigkeit zur Formulierung von positiver und negativer Kritik sowie von Verbesserungsvorschlägen" (Maus, Nodes & Röh, 2013, S. 80). Aussagen, auf welche Weise solche Inhalte zur Etablierung einer Kompetenz an Studierende zu vermitteln seien, werden ebenso gemacht. So werden beispielsweise „Selbstreflexionsseminare in Kleingruppen, persönliche Ansprache der Lehrenden an die Studierenden (Coaching),

Vermittlung von Persönlichkeitstheorien (Helfer-Persönlichkeiten), Kommunikations- und Organisationstheorien, praktische Einübung von Gesprächsführungs- und weiterer Interaktionsformen in Kleingruppen" (Maus et al., 2013, S. 83) als methodische Ansatzpunkte zur Kompetenzgenerierung angeführt. Dass vor allen Dingen Interaktion als Lernfeld und Vermittlungsmedium einer auf diese Art gedachten Beziehungskompetenz notwendig ist, wird auch bei Maus et al. thematisiert.

4.2.3 Selbstreflexivität

Als dritte basale Schlüsselkompetenz möchte der Verfasser die Kompetenz der Selbstreflexivität benennen. Wiederum ist es notwendig, drei unterschiedliche Dimensionen bzw. Richtungen, in die sich Selbstreflexivität erstreckt, zu erläutern: Selbstreflexivität zum eigenen beruflichen Handeln, zur eigenen beruflichen Rolle und zur eigenen Biografie und Persönlichkeit. Einerseits geht es um selbstkritische Reflexionskompetenz in Bezug auf eigenes beispielsweise pädagogisches Handeln im Kita-Alltag, aber auch z.B. auf administratives Handeln lässt sich der Kompetenzkomplex der Selbstreflexivität beziehen. Daneben soll hier Selbstreflexivität eine weitere Dimension bekommen in Bedeutung von Reflexionskompetenz zur eigenen Rolle als pädagogische Fachkraft auf der Mikroebene im Team, in der Einrichtung sowie auf der Makroebene aus gesellschaftlicher Perspektive. Drittens ist es aus Sicht des Verfassers notwendig, die eigene Prägung, das eigene Aufwachsen und die damit verbundenen Haltungen, also die eigene Biografie zu durchleuchten und zu hinterfragen, welche basalen Einstellungen, Überzeugungen und damit auch gewordene Stärken und Schwächen die eigene Persönlichkeit formen. Gemeinsam ist nach Sicht des Verfassers allen Dimensionen eine grundlegende Fähigkeit, sich selbst in Frage zu stellen, eine kritische Selbstbeleuchtung aus einer Metaebene zu gestalten und ein realistisches Bild eigener Stärken und Schwächen vornehmen zu können.

Dass dabei wie allgemeinhin für eine Kompetenz als notwendig erachtet auch Wissen und Fertigkeiten notwendig sind (siehe Kap. 3.2.2 und 3.2.3), wird ersichtlich, wenn man bedenkt, dass für alle drei Dimensionen der kompetenten Selbstreflexivität jeweilige Wissensbestände von Nöten sind. Sind es für die Reflexion eigenen erzieherischen Handelns im pädagogischen Alltag z.B. Wissen über Methodik und Didaktik, rechtliche Rahmenbedingungen und anderes, vor dessen Hintergrund das eigene Handeln reflektiert und analysiert wird, kann man für die anderen beiden Dimensionen analog dazu benennen: Für die Selbstreflexivität der beruflichen Rolle ist Hintergrundwissen über Aspekte der aktuellen Professionsdebatte oder tariflicher und rechtlicher Regelungen unerlässlich, für die eigene biografische und persönliche Reflexivität ist es notwendig, über psychologisches, besonders entwicklungspsychologisches Wissen zu verfügen.

Hinweise im fachwissenschaftlichen Diskurs zur beschriebenen Selbstreflexivität finden sich durchaus einige. Der *Nationale Kriterienkatalog* benennt als erste von vier Kernkompetenzen die beiden bedeutungsschweren Aspekte biografischer Kompetenz und Selbstreflexivität. Neben Nachdenken über eigenes Handeln und fundierter sowie systematischer Analyse und Begründung eigenen Handelns wird auch das Eruieren weiterer, alternativer Handlungsmöglichkeiten benannt. In Bezug auf biografische Selbstreflexivität als Kernkompetenz wird geäußert: „Das Bewusstmachen der eigenen handlungsleitenden Orientierungen, Wert- und Normvorstellungen, der Vorstellungen darüber, was Kindheit überhaupt ist, [....] was mit welcher Begründung die Ziele von Bildung und Erziehung sein sollten, gehört zum methodischen Handwerkszeug jeder pädagogischen Fachkraft" (Dittrich et al., 2016, S. 29).

Auch die Kompetenzmatrix von Fröhlich-Gildhoff et al. benennt als personale Kompetenzen die Teildimensionen von erstens „Auseinandersetzung mit der eigenen Persönlichkeit/Selbstreflexivität vor dem Hintergrund gesellschaftlicher Bedingungen" und zweitens „Auseinandersetzung mit der eigenen Berufsbiografie und handlungsleitenden Orientierungen und Einstellungen". Dazu wird eine weitere Kompetenzdimension benannt, die mit „Reflexion der eigenen Profession/Fähigkeit zur eigenen Weiterentwicklung der Profession" beschrieben wird (Fröhlich-Gildhoff et al., 2016, S. 84).

Fröhlich-Gildhoff, Nentwig-Gesemann und Pietsch haben in einer Untersuchung zur Kompetenzorientierung bei der Ausbildung pädagogischer Fachkräfte eine bedeutsame Feststellung machen können: Obwohl in der professionalisierungsorientierten Fachdiskussion die biografische sowie berufsbiografische Begleitung der Persönlichkeitsentwicklung der Studierenden gewissermaßen einhellig als notwendig angesehen wird, sah es jedoch (Stand 2011) noch nicht flächendeckend danach aus, als würde diese Forderung auch eingelöst. Die Alice-Salomon-Hochschule Berlin, die Evangelische Hochschule Freiburg, die Pädagogische Hochschule Ludwigsburg, die Universität Gießen sowie die FH Köln hatten sehr unterschiedliche Herangehensweisen an die Thematik der notwendigen Selbstreflexivität. Sowohl bei der Reflexion eigenen Handelns als auch bei der Biografiearbeit mit den Studierenden wurde teilweise durchgängig kein Wert auf eine akademisch fundierte begleitete Erarbeitung diesbezüglicher Kompetenzen gelegt. Interessant und aus

Sicht der angestrebten Bedeutungssteigerung akademischer Ausbildung im Bereich früher Bildung, Erziehung und Betreuung fatal: Die Rahmenlehrpläne für Fachschulen (Baden-Württemberg, Rheinland-Pfalz und Hamburg) gaben ein anderes Bild ab: „Dabei wird durchaus großer Wert auf die Persönlichkeitsentwicklung der Auszubildenden im Sinne der Reflexion des Verhältnisses von praktischen Erfahrungen und theoretischen Erkenntnissen gelegt" (Fröhlich-Gildhoff et al., 2011, S. 48).

Johannes Keil und Peer Pasternack haben in einer Untersuchung aus dem Jahr 2011 den Versuch unternommen, Kompetenzorientierung in Qualifikationsrahmen und Ausbildungsprogrammen der Frühpädagogik auf ihre Aussagen zu Kompetenzen in diversen maßgebenden Leitlinien zur Fachkräfteausbildung nebeneinanderzustellen. Die Kernkompetenzdimension „selbstkritische reflektierte Haltung, Ausübung einer professionellen, distanzierten Berufsrolle unter Einbeziehung der eigenen Persönlichkeitsmerkmale und auf der Basis eines reflektierten Welt- und Menschenbildes" (Keil & Pasternack, 2011, S. 130) wurde als Basis- bzw. Kernkompetenz lediglich in vier Rahmenprogrammen vorgefunden.

4.2.4 Selbstregulatorische Kompetenzen

Als eine weitere, in aktuellen Fachdiskursen momentan weniger zentral als z.B. der forschende Habitus diskutierte, jedoch aus ganz unterschiedlichen Gründen durch den Verfasser als von außerordentlicher Wichtigkeit betrachtete Schlüsselkompetenz ist diejenige der selbstregulatorischen Kompetenz. Auch für sie gilt, dass ohne verfestigter und habitualisierter Fähigkeiten und Fertigkeiten auf Kompetenzniveau eine qualitativ hochwertige pädagogische Arbeit zwar kurz- und mittelfristig durchaus möglich erscheint. Zumindest auf einen längeren Zeitraum gesehen muss sie aber durchaus als schwierig bis gar unmöglich betrachtet werden.

Aus der benachbarten Wissenschaftsdisziplin der Erziehungswissenschaft stammend gibt es Modelle, die vor allem für die langfristige Aufrechterhaltung beruflicher Handlungsfähigkeit des Lehrerhandelns maßgebliche Kompetenzdimensionen heranziehen und folgendermaßen darstellen:

> „Motivationale Orientierungen und Selbstregulation sind für die psychische Dynamik des Handelns, die Aufrechterhaltung der Intention und die Überwachung und Regulation des beruflichen Handelns über einen langen Zeitraum verantwortlich. Beide Aspekte sind somit zentrale Merkmale der psychologischen Funktionsfähigkeit von handelnden Personen"

> (Baumert & Kunter, 2006, S. 501).

Auch der Kernkompetenzkatalog von Fröhlich-Gildhoff, Weltzien, Kirstein et al. nimmt den Aspekt selbstregulatorischer Fähigkeiten in seinen Rahmenkatalog der personalen Kompetenzen auf und misst dem Thema damit eine grundlegende Bedeutung bei (2016, S. 84).

In diesem Kanon für Schlüsselkompetenzen pädagogischer Fachkräfte umrandet der Begriff der selbstregulatorischen Kompetenzen sowohl einerseits eher psychologisch orientierte Fähigkeiten wie diejenige im Konzept der Selbstwirksamkeit beschriebenen. Damit kann, grob ausgedrückt, das Bewusstsein verstanden werden, über die zur Erreichung eines in diesem Falle beruflichen Zielzustandes nötigen Potentiale zu verfügen, auch wenn bisweilen große Anstrengungen dafür von Nöten sind.

Mit dieser Teildimension selbstregulatorischer Kompetenzen wird durchaus eine motivational-emotionale Ebene der handelnden pädagogischen Fachkraft angesprochen. Jedoch auch im momentanen allgegenwärtigen Kompetenzmodell von Fröhlich-Gildhoff, Nentwig-Gesemann und Pietsch wird die Ebene der Motivation als Grundbestandteil beim Übergang von Disposition zur Performanz betrachtet: „Die Handlungsbereitschaft und -planung sowie auch die Handlungsrealisierung in der konkreten Situation werden von der (aktuellen) Motivationslage der Fachkraft [....] beeinflusst" (Fröhlich-Gildhoff et al., 2014, S. 22).

Uneinig ist man sich in der Diskussion der Lehrerbildung darüber, inwiefern solche Selbstwirksamkeitsüberzeugungen entwickelt bzw. bei den Studierenden generiert werden können. Dass ihnen jedoch ein großer Stellenwert eingeräumt werden sollte, erscheint als unstrittig, auch wenn sie dabei noch von einigen Kontextfaktoren abhängig zu sein scheinen (Baumert & Kunter, 2006, S. 503).

Dieser Zusammenhang von Selbstwirksamkeitserwartungen mit spezifischen Kontextfaktoren wird auch in der Zusammenstellung von Kompetenzfacetten im Auftrag des *Aktionsrats Bildung* gesehen, wobei hier jedoch analog zur Diskussion der Lehrerforschung auf den besonderen Aspekt einer Kompetenz in Form einer „Selbstwirksamkeit in Bezug auf die Gestaltung von Lernprozessen" abgestellt wird (Anders, 2012, S. 23).

Eine weitere Bedeutungsschiene möchte der Verfasser seinem Konstrukt von selbstregulatorischer Kompetenz im Hinblick auf beruflichen Enthusiasmus oder beinahe bedeutungsgleich auf Engagement im beruflichen Handeln geben. Unterstützung für diese These könnten hypothetisch die Ergebnisse der NUBBEK-Studie liefern, denn „praktisch durchgängig bei allen Kriterien der pädagogischen

Prozessqualität zeigt sich, dass diese bei bestimmten Persönlichkeitsmerkmalen der Erzieherinnen (Extraversion) höher ausfällt" (Tietze et al., 2012, S. 8). Ob nun Extraversion als Persönlichkeitsmerkmal völlig deckungsgleich mit dem Bedeutungsfeld selbstregulatorischer Kompetenzen ist, kann im beschränkten Rahmen dieser Bachelorthesis nicht abschließend dargelegt werden. Jedoch ist es aus Sicht des Verfassers denkbar, dass dem so ist.

Extraversion als Persönlichkeitsmerkmal im Hinblick auf eine selbstregulatorische Kompetenz kann aus dem Zusammenhang mit dem inzwischen gängigen zeitgenössischen persönlichkeitspsychologischen Modell der *Big Five* dargestellt und mit Bedeutungsinhalt versehen werden: „Extraversion beschreibt größtenteils Erlebens- und Verhaltensweisen in zwischenmenschlichen Beziehungen und besteht aus den Facetten Warmth, Gregariousness, Assertiveness, Activity, Excitement-Seeking und Positive Emotions". Warmth kann mit Warmherzigkeit, Gregariousness mit dem Wohlfühlen in der Gegenwart vieler anderer Menschen, Assertiveness mit einer Tendenz zu energischem und überlegenem sozialem Verhalten übersetzt werden. Activity bedeutet Lebensenergie und Excitement-Seeking hat die Bedeutung von Suche nach neuen Erfahrungen. Positive Emotions bezeichnet die Fähigkeit von Personen, Freude, Fröhlichkeit sowie Optimismus empfinden zu können (Dehne & Schupp, 2007, S. 11–12). Sämtliche Assoziationen und Bedeutungsebenen des Konstruktes Extraversion können entweder hohe Werte auf einer Bemessungsskala oder geringe Werte annehmen.

> „Enthusiasmus in Bezug auf die Gestaltung von Lerngelegenheiten" ist auch zu finden als Facette professioneller Handlungskompetenz in der Expertise des *Aktionsrats Bildung* zu Modellen professioneller Kompetenzen. Dort werden auch die Hypothesen formuliert, dass Enthusiasmus pädagogischer Fachkräfte zum einen mit Einstellungen zum Stellenwert naturwissenschaftlichen Lernens einhergeht und zum anderen wird angenommen, dass der Enthusiasmus von Kindheitspädagog*innen und anderer in der elementaren Bildung Tätiger auch Einfluss auf Kompetenzentwicklung der Kinder sowie die Entwicklung ihrer Motivation, Lernfreude und Interessen für bestimmte Fächer hat

(Anders, 2012, S. 23).

Last but not least muss – und aus Sicht des Verfassers der wichtigste Teilaspekt der selbstregulatorischen Kompetenz – ein genauer Blick auf Selbstregulationsfähigkeit in Form von hohem Berufsengagement einerseits und Distanzierungsfähigkeit andererseits geworfen werden. „Die Selbstregulationsfähigkeit, insbesondere der verantwortungsvolle Umgang mit den eigenen persönlichen Ressourcen ist eine wichtige Komponente der allgemeinen professionellen Handlungskompetenz von Lehrkräften" (Baumert & Kunter, 2006, S. 504). Es geht dabei auch darum, eine lange Verweildauer im Beruf zu erhalten.

Oft ist landläufig davon die Rede; wie sehr Arbeitnehmer*innen in sozialen Berufen durch psychische oder psychosomatische Erkrankungen wie Burnout gefährdet sein können. Dabei scheint der richtige Umgang mit Ressourcen im oben erwähnten Sinn zur Vermeidung von Belastungserleben durchaus auch individuell verschieden zu sein; insofern, dass in Untersuchungen bei Lehrkräften vier unterschiedliche Regulationstypen eruiert werden konnten. Diese unterscheiden sich im Umgang mit beruflichen Anforderungen und Ressourcen und weisen unterschiedliche Resignationstendenzen bei Misserfolgen auf (Anders, 2012, S. 24).

Untersuchungen wie diejenige von Jungbauer an der Katholischen Hochschule Aachen weisen darauf hin, dass die allgemein anerkannte Vermutung, nach der sich pädagogische Fachkräfte als Risikogruppe für bestimmte Erkrankungen nicht rein somatischer Natur erweisen, durchaus Richtigkeit besitzt. „Zusammenfassend kann somit festgestellt werden, dass arbeitsbezogene Stressbelastungen unter Erzieherinnen und Erziehern relativ weit verbreitet sind; fast ein Fünftel kann als stark Burnout-gefährdet gelten" (Jungbauer, 2013, S. 51–52).

Es wäre wünschenswert, vor allen Dingen vor dem Hintergrund des aktuell in vielen Gegenden Deutschlands spürbaren Fachkräftemangels zum Beispiel durch Weiterbildungsangebote oder spezielle Bildungsangebote während der einschlägigen Ausbildungswege darauf hinzuarbeiten, dass ein Mehr an Selbstregulationskompetenz bei den Studierenden generiert wird.

5 Fazit und Diskussion

An dieser Stelle der Thesis soll einigen weiteren, abschließenden Fragestellungen nachgegangen werden. Bevor diese Fragestellungen nach den Folgen der gewonnenen Erkenntnisse näher betrachtet werden, ist es notwendig, eine kurze Zusammenfassung der Kernergebnisse dieser wissenschaftlichen Arbeit wiederzugeben.

5.1 Zusammenfassung der Ergebnisse

Die leitende Fragestellung in dieser Thesis ist diejenige, welche grundlegenden, basalen Kompetenzen (Schlüsselkompetenzen) heute für pädagogische Fachkräfte in Deutschland von Nöten sind, um aktuellen Aufgabenstellungen im Handlungsfeld nicht nur gerecht zu werden, sondern darüber hinaus auch gute pädagogische Prozessqualität zu erreichen. Dazu war es wichtig, sich der momentanen Situation der frühkindlichen Bildung, Erziehung und Betreuung in Deutschland mit einem Blick auf gesellschaftliche, politische sowie gewisse organisationale und organisationskulturelle Gegebenheiten zu nähern.

Immer mehr Heterogenität zeigt sich in unterschiedlichen gesellschaftlichen Dimensionen wie ethnischer Durchmischung, demografischem Wandel und sozialer Ungleichheit und wirkt sich auf das kindheitspädagogische Handlungsfeld aus. Ereignisse auf politischer Ebene begonnen von den (politischen) Folgen des PISA-Schocks bis hin zum aktuellen *Gute-Kita-Gesetz* bestimmen die Richtung hin zu mehr Qualität oder gleichwertiger Standards im Bundesgebiet. Die Rahmenbedingungen auf der Mesoebene in den Einrichtungen selbst können nicht abschließend und umfassend dargestellt werden, zeigen sich aber insgesamt als durchaus uneinheitlich.

Ein historischer Abriss zeigt, dass bis heute noch gültige und wirksame Entscheidungen wie diejenige der gesetzlichen Trennung des Bereiches der Kindergartenpädagogik einerseits sowie schulischer Primarstufe andererseits und damit die Verfestigung unterschiedlicher Ausbildungsniveaus bereits vor circa 100 Jahren getroffen wurden. Auch ist der Ursprung der pädagogischen Fachkraft als landläufig weibliche berufliche Domäne in lange zurückliegender Vergangenheit zu suchen.

Die Diskussion und damit Klärung zentraler Begrifflichkeiten im darauffolgenden Kapitel bringt zutage, dass Profession, Professionalität sowie Professionalisierung Begrifflichkeiten im Rahmen von Beruflichkeit sind. Sie sind jedoch in einem statischen (Profession) einerseits sowie im Gegensatz dazu in einem prozesshaften

Bedeutungszusammenhang (Professionalisierung) zu sehen. Ebenso können sie auf individuelle und auch auf kollektive Vorgänge verweisen (wie die Begriffe Professionalisierung und Professionalität sich auf einzelne und auf mehrere Menschen beziehen können). Wichtig ist, dass Professionalisierungsbemühungen nicht zwangsläufig mit der Entstehung einer neuen Profession enden müssen. Ebenso von Bedeutung ist ein Perspektivwechsel weg von reinen merkmalsbezogenen Zuschreibungen einer Profession hin zu einer Fokussierung auf die jeweils eigene Handlungslogik als ausschlaggebendes Kriterium von gelingender Professionalisierung.

Der Kompetenzbegriff ist an sich wertneutral (im Gegensatz zum humanistischen Bildungsbegriff), kann sich auf einen ganzheitlichen, Haltung und Fähigkeiten beinhaltenden Ansatz beziehen und von Begriffen wie demjenigen der Qualifikation zu unterscheiden. Aktuelle Kompetenzmodelle beinhalten motivationale, ethische, aber natürlich auch kognitive Anteile.

Kindheitspädagogik soll in dieser Thesis im Gegensatz zu Elementarpädagogik sowie Frühpädagogik – wie auch von politischer Seite durch die Anerkennung der akademischen Abschlüsse in Kindheitspädagogik initiiert – der Begriff der Wahl zur Beschreibung des Tätigkeitsfeldes sowie auch des hochschulischen Forschungsfeldes sein.

Das Feld der frühen Bildung, Erziehung und Betreuung ist aufgrund unterschiedlicher Gründe in einem starken Umbruch- und Wandlungsprozess. Europaweit beinahe einmalig, befindet sich der Akademisierungsprozess im Tätigkeitsfeld in Deutschland gerade im Entstehen. Allerdings ist der Ausgang offen. Momentan ist in den ersten Jahren nach Einführung kindheitspädagogischer Studiengänge nach der Jahrtausendwende ins Stocken geraten, jedoch schreiten gesellschaftliche Veränderungsprozesse nichtsdestotrotz voran. Notwendig für eine gelungene Professionalisierung im Berufsfeld ist wohl auch ein stärkerer Blick auf Rahmensysteme und -bedingungen im Handlungsfeld. Unterschiedliche Professionalisierungsmodelle wie rein formale, indikatorengestützte, fall- sowie feldbezogene, evidenz- bzw. effizienzbasierte Modelle stehen kompetenzdiagnostischen Modellen gegenüber, auf welche sich diese Thesis bezieht.

Verschiedene wissenschaftliche Nachbardisziplinen wie etwa die Schulpädagogik sowie Sozialpädagogik bieten dem entstehenden kindheitspädagogischen Forschungsfeld ihre Ansätze und Erkenntnisse an und trotzdem ist der Weg zu einer eigenen (und damit auch angesehenen) Profession noch recht weit.

Uneinigkeit herrscht bei der definitiven Ausgestaltung des modernen Kompetenzbegriffes, jedoch wird von politisch-europäischer Seite der enge Zusammenhang von Kompetenzentwicklung sowie dem Thema lebenslangen Lernens in den Vordergrund gestellt und soll auch deutlich mehr als bisher die Ergebnisse informeller Lernprozesse beinhalten. Für die dafür notwendige Vergleichbarkeit von Kompetenzen gibt es auf EU-Ebene bereits Ansätze, jedoch steht Deutschland dabei aufgrund seiner Tradition formaler Zertifizierungen nicht an vorderster Front der Entwicklung.

Im Grunde lässt sich eine Aufsplittung des Kompetenzbegriffes in Disposition sowie Performanz begründen. Jeweils können diese Begriffe weiter mit bedeutungsgenerierenden Teildimensionen versehen werden. Der Begriff der Schlüsselkompetenz wird mit einem hohen Niveau vernetzten Denkens, Denken über das Denken, Kreativität sowie einer kritischen Haltung assoziiert gesehen.

Kompetenzen in aktuellen und künftigen Handlungsfeld der Kindheitspädagogik müssen vor dem Hintergrund höchst heterogener sowie nicht standardisierbarer und nicht vorhersehbarer Anforderungen gedacht und konzipiert werden. Handlungsbezogene Aspekte und Denkansätze müssen im Mittelpunkt stehen.

Maßgeblichen Charakter für die Diskussion in der Kindheitspädagogik hat das Kompetenzmodell von Fröhlich-Gildhoff, Nentwig-Gesemann und Pietsch. Als Zusammenschau aktueller Fachdiskussionen auf unterschiedlichen Ebenen und aus Sicht des Verfassers als Schlüsselkompetenzen in Form von einer unentbehrlichen Basis zur Erbringung guter pädagogischer Prozessqualität im Handlungsfeld früher Bildung, Betreuung und Erziehung sind der forschende Habitus, die Beziehungskompetenz sowie Selbstreflexivität und Selbstregulationskompetenzen zu nennen.

5.2 Diskussion der Ergebnisse

Mit dem Ergebnis der Darstellung eines Kompetenzkanons, der vier essentielle Schlüsselkompetenzen für die pädagogische Arbeit in deutschen Kindertageseinrichtungen umfasst, stellt sich nun auch die Frage, auf welchem Wege solche Kompetenzen zu erwerben und einzusozialisieren sind. Dabei soll auch Fragestellung nach einer (zumindest stärkeren) Akademisierung der künftig im Handlungsfeld Tätigen von Bedeutung sein. Weitere Fragestellungen werden im Hinblick auf die Reputation des Berufsstandes erörtert sowie darüber, ob und wie Arbeitsbedingungen beispielsweise in Form von höheren Vergütungen hilfreich im Hinblick auf die angestrebte Professionalisierung sein könnten.

5.2.1 Akademisierung: Ja oder nein?

Die hier zu erörternde Grundfragestellung kann lauten: Ist es notwendig, anhand der im Kapitel 4 benannten vier Schlüsselkompetenzen eine Akademisierung einzufordern oder sind die klassischen Ausbildungswege unterhalb eines Hochschulstudiums, wie sie seit etwa 100 Jahren beschritten wurden und werden, ausreichend? Um es gleich kurz zu sagen: Dem Verfasser scheint eine Anhebung der Qualifikationsniveaus auf Hochschulebene auf lange Frist unumgänglich. Die Gründe sollen im Folgenden dargelegt werden. Anhand des forschenden Habitus als erster der hier dargestellten Querschnitts- und Schlüsselkompetenzen, gleichsam als Basis für professionelles und qualitativ gutes Handeln, lässt sich mit Sicherheit sagen, dass diese auf Fachschulniveau zu vermitteln schwierig erscheint. Es erscheint unmöglich, das wissenschaftliche Wissen in Form beispielsweise von Methoden qualitativer und quantitativer Sozialforschung durch eine Ausbildung auf Fachschulniveau zu vermitteln. Dazu sind etwa die Eingangsvoraussetzungen mit in allen Bundesländern der mittleren Reife / dem mittleren Bildungsabschluss aus Sicht des Verfassers nicht als genügend anzusehen. Eine Hypothese kann lauten: Die Schüler*innen an den Fachschulen bringen dadurch schlichtweg nicht die sprachlichen, unter Umständen fremdsprachlichen und methodischen Voraussetzungen dazu mit. Dies scheint auch der Fall zu sein, obgleich in manchen Bundesländern zusätzlich zum Nachweis des mittleren Bildungsabschlusses Nachweise über besondere sprachliche Fähigkeiten verlangt werden (König, Kratz, Stadler & Uihlein, 2018, S. 23).

Insofern es sich um ein grundständiges Hochschulstudium als Ausbildungsweg einer pädagogischen Fachkraft handelt (im Gegensatz zum weiterbildenden, berufsbegleitenden Fernstudium), wäre aus Sicht des Verfassers Hochschulzugangsberechtigung bzw. Fachhochschulzugangsberechtigung als Eingangsvoraussetzung dafür wünschenswert. Mit dem Erwerb einer Hochschulzugangsberechtigung ist die Wahrscheinlichkeit höher, dass zumindest die Auseinandersetzung mit wissenschaftlichen Methoden im Überblick einmal stattgefunden hat.

Ein einschneidender Unterschied zwischen einer Fachschulausbildung und einem wissenschaftlichen Hochschulstudium erscheint als Folge des oben Erwähnten bei folgendem Aspekt: Während eines Hochschulstudiums wird in der Regel mehrfach von den Studierenden die eigenständige wissenschaftlich-methodische Auseinandersetzung mit und Bearbeitung von aktueller wissenschaftlicher Literatur zu unterschiedlichen Themenbereichen der Bildung, Erziehung und Betreuung eingefordert. Dies erfolgt vor allen Dingen bei der Erstellung wissenschaftlicher Hausarbeiten und sonstiger nicht nur schriftlicher wissenschaftlicher Arbeiten. In der Regel werden Methoden und Techniken wissenschaftlichen Arbeitens zuvor angeleitet vermittelt. Diese nur in einem wissenschaftlichen Hochschulstudium zu erlernende Fähigkeit wissenschaftlich-methodischer und damit kritischer Auseinandersetzung ist (wie beispielsweise im Kap. 4.2.1 dieser Thesis in den Ausführungen zum forschenden Habitus dargelegt) allerdings unerlässlich. Damit ist aus Sicht der Erwerbbarkeit der hier dargelegten Schlüsselkompetenzen eine Akademisierung, eine breite, akademisch angelegte Ausbildung auf Hochschulniveau unumgänglich. Dies ist auch vor folgendem Hintergrund anzunehmen: Der länderübergreifende Lehrplan für die Erzieher*innen-Ausbildung sieht lediglich vor, „dass die angehenden Erzieherinnen und Erzieher im Rahmen ihrer Ausbildung einen Überblick über das komplexe Berufsfeld erhalten und eine Grundqualifizierung in mindestens zwei Arbeitsfeldern der Kinder- und Jugendhilfe erfahren" (König et al., 2018, S. 39). Aus Verfassersicht erscheint es zu wenig, lediglich einen Überblick zu bekommen und eine Grundqualifizierung zu durchlaufen.

Begründet werden kann die Forderung nach einer breiteren Akademisierung durchaus auch aus Sicht von Legitimation und Reputation des Berufsstandes. So geht wohl mit einer Erhebung in den Bereich akademisch qualifizierter Berufe wohl auch eine höhere gesellschaftliche Anerkennung einher. Damit könnte auch eine höhere Entlohnung einhergehen, welche wiederum die Attraktivität, das positive Image des Berufsstandes von Kindheitspädagog*innen deutlich günstig beeinflussen könnte.

5.2.2 Ein Berufsstand auf dem Weg – wohin?

Eben wurde zur Fragestellung nach der Akademisierung das vom Autor dieser Thesis als wünschenswerte und durch die Ergebnisse dieser Thesis als notwendig abgeleitete Ziel einer breiten Akademisierung pädagogischer Fachkräfte ausgegeben. Jedoch ist die Situation im Moment nicht diejenige, die eine baldige Erreichung dieses Zieles als realistisch vermuten lässt.

Die Bewertung des Themas Akademisierung pädagogischer Fachkräfte ist aus mancher Perspektive durchaus zwiespältig und nicht dazu geeignet, der Akademisierung Vorschub zu geben. Von Trägerseite der Kindertageseinrichtungen wird die Frage der Akademisierung und Professionalisierung durchaus ambivalent betrachtet. Auch in der Fachpolitik und der fachlichen Debatte gibt es gemischte Ansätze zum Beispiel mit dem Hinweis, die Fachschulen seien besser als ihr Ruf oder der akademischen Ausbildung mangele es an Handlungsorientierung (Altermann et al., 2015, S. 14).

Jedoch ist es die Ansicht des Verfassers zu diesen Kritikpunkten, dass das ‚Kind nicht mit dem Bade ausgeschüttet' werden solle. Auch in anderen Berufen, die sich seit langem den Ruf einer Profession erworben haben oder zumindest am Status einer Profession näher dran sind als die teilweise immer noch als Hausfrauenberuf angesehene Tätigkeit einer pädagogischen Fachkraft, ist es durchaus möglich, im Rahmen von akademischer Ausbildung einen direkten Praxisbezug herzustellen. Man denke dabei an die Medizin, aber vor allem auch die Ausbildung von Lehrer*innen oder Sozialarbeiter*innen, die beide keine den momentanen Erzieher*innen, Sozialassistent*innen und Kindheitspädagog*innen allzu entfernten Professionen darstellen.

Es ist von Folgendem auszugehen: Der momentane Fachkräftemangel ist dem Ziel einer flächendeckenden Anhebung der Qualifikationsniveaus hin zur akademischen Qualifikation nicht gerade zuträglich. So nährt sich dieser Fachkräftemangel einerseits aus dem durch Rechtsansprüche befeuerten noch andauernden Ausbau der Kindertagesstätten in Deutschland und andererseits durch das nicht attraktiv und damit zugkräftig genug erscheinende Image des Berufsbildes. Wohl eher das Gegenteil als eine flächendeckende Anhebung des Qualifikationsniveaus ist der Fall: In Baden-Württemberg beispielsweise greift man seit einigen Jahren bereits auf fachfremde Arbeitskräfte zurück.

Grundtenor kann sein: Heterogenität ist das Schlagwort nicht nur für die Durchmischung der Klientel in verschiedener Hinsicht, sondern auch die Fachkräftegruppen in Kitas gestaltet sich als heterogen.

Ein Blick in den angelsächsischen Raum zeigt – wie in Kapitel 3.1.1 dieser Thesis beschrieben – dass sich traditionellerweise kollektive Professionen, also hochspezialisierte und mit einem entsprechenden gesellschaftlichen Status versehene Berufsstände, aus der Beschäftigung mit sich selbst entwickelt haben (im Gegensatz wohlgemerkt zu uns in Europa). Es wäre wünschenswert, sich im Feld der pädagogischen Fachkräfte davon ein Stück abzuschneiden und nicht auf die Politik oder die fachpolitischen Diskussionen als Heilsbringer zu verlassen.

Eine zusätzliche Idee zur Gewinnung von mehr Status wäre beispielsweise die bundesweite Etablierung einer gewerkschaftlich und verbandsmäßig organisierten Interessenvertretung für pädagogische Fachkräfte in Kitas, die tarifliche, berufspolitische Interessen aus dem Dunstkreis der Dienstleistungs- und Bildungsgewerkschaften herausholt und berufsspezifisch vertritt. Vergleichbar beispielsweise dem *Marburger Bund* als Fachgewerkschaft und berufsspezifische Interessenvertretung für beamtete und angestellte Ärzt*innen könnten berufsspezifische Interessen wie z.B. diejenige nach höherer Entlohnung oder besseren Arbeitsbedingungen wie eine bundesweit gesetzlich festgelegte Leitungszeit vertreten werden. Dadurch könnte auch hin in Richtung von Schärfung eines eigenen Berufsprofiles und damit mehr gesellschaftlicher Wahrnehmung und somit Anerkennung gearbeitet werden. Ein dementsprechender Weg hin zu einem Beruf mit einem klar definierten Profil abseits der Nähe zur vielzitierten häuslichen oder familiären Tätigkeit des bloßen ‚sich Beschäftigens mit den Kleinen' könnte in greifbare Nähe gebracht werden. Dass dieser Aspekt der Nähe zum privaten familiären Raum wohl mit ein Problemfeld des Berufsstandes ist, wurde bereits im Laufe dieser Thesis zum Ausdruck gebracht.

Dadurch wären eventuell auch Männer vermehrt von der Attraktivität eines solchen Berufes zu überzeugen, womit auch dem zur Zeit grassierenden Fachkräftemangel eine Abhilfe in Aussicht gestellt werden könnte.

Zudem wäre es Aufgabe, die Politik darauf hinzuweisen, dass das Berufsprofil pädagogischer Fachkräfte weiter geklärt und geschärft werden muss (auch und vor allem in Richtung Akademisierung) und nicht etwa wie durch Einführung eines erweiterten Fachkräftekatalogs aufgeweicht. Um noch einmal das Beispiel Baden-Württembergs anzuführen: Durch das aktuelle Kitagesetz wird auch Personal aus völlig fachfremden Berufen in Kitas eingesetzt wie beispielsweise Dorfhelfer*innen oder Physiotherapeut*innen (Landtag Baden-Württemberg, 2013). Diese Tatsache trägt eben nicht zu weiterer Profilschärfung und gesellschaftlicher Anerkennung bei. Denn landläufig wird der Gedanke wachgehalten, dass ein Beruf, der nach 25-tägigem Kurzlehrgang auch von fachfremdem Personal erledigt werden kann, sowieso keine hohen Anforderungen an Fähigkeiten und Wissen stellt, keine hochspezialisierten Tätigkeiten beinhaltet und innerberufliche Differenzierung sowieso nicht stattfindet und somit auch keine Anerkennung in Form von höherer Entlohnung verdient hat.

Dem soll durch die diese Bachelorthesis und ihre angeführten Anforderungen an herausgearbeiteten Kompetenzen ein klares Gegenargument gegenübergestellt werden.

Literaturverzeichnis

Aktionsrat Bildung. (2012). *Professionalisierung in der Frühpädagogik. Qualifikationsniveau und -bedingungen des Personals in Kindertagesstätten* (1. Aufl.). Gutachten. Münster: Waxmann Verlag.

Altermann, A., Holmgaard, M., Klaudy, E. K. & Stöbe-Blossey, S. (2015). *Kindheitspädagoginnen und -pädagogen im Kita-Team. Neue Qualifikationsprofile in der Kindertagesbetreuung : eine Studie der Weiterbildungsinitiative Frühpädagogische Fachkräfte (WiFF)* (WiFF-Studien. Ausbildung, Band 25, Stand: November 2015). München: Deutsches Jugendinstitut e.V.

Anders, Y. (2012). *Modelle professioneller Kompetenzen für frühpädagogische Fachkräfte. Aktueller Stand und ihr Bezug zur Professionalisierung.* Expertise zum Gutachten "Professionalisierung in der Frühpädagogik" (1. Aufl.). München: vbw - Vereinigung der Bayerischen Wirtschaft. Zugriff am 05.02.2019. Verfügbar unter https://www.aktionsrat-bildung.de/fileadmin/Dokumente/Expertise_Modelle_professioneller_Kompetenzen.pdf

Max-Planck-Institut für Bildungsforschung. (2001). *PISA 2000. Zusammenfassung und zentrale Befunde* (Artelt, C., Baumert, J., Klieme, E., Neubrand, M., Prenzel, M. & Schiefele, U., et al., Hrsg.). Berlin.

Autorengruppe Fachkräftebarometer; Deutsches Jugendinstitut. (2017). *Fachkräftebarometer Frühe Bildung 2017*. München: Deutsches Jugendinstitut. Zugriff am 02.03.2019.

Balluseck, H. v. (2016). Einleitung: Anforderungen an Professionalität. In H. v. Balluseck (Hrsg.), *Professionalisierung der Frühpädagogik. Perspektiven - Entwicklungen - Herausforderungen* (2., aktualisierte und überarbeitete Auflage, erw. Ausg, S. 9–21). Leverkusen: Budrich, Barbara.

Baumert, J. & Kunter, M. (2006). Stichwort: Professionelle Kompetenz von Lehrkräften. *Zeitschrift für Erziehungswissenschaft, 9*(4), 469–520.

Betz, T. & Cloos, P. (Hrsg.). (2014). *Kindheit und Profession. Konturen und Befunde eines Forschungsfeldes* (Kindheitspädagogische Beiträge). Weinheim [u.a.]: Beltz Juventa.

Böcking, J. (2010). *Schlüsselkompetenzen im Praxisfeld Sozialer Arbeit. Die Bedeutung der Beziehungskompetenz für professionelle Beziehungsarbeit.* Saarbrücken: VDM-Verl. Müller.

Brunner, J. (2018). *Professionalität in der Frühpädagogik*. Wiesbaden: Springer Fachmedien Wiesbaden. https://doi.org/10.1007/978-3-658-20397-9

Bundesministerium für Familie, Senioren, Frauen und Jugend (Hrsg.). (2003). *Perspektiven zur Weiterentwicklung des Systems der Tageseinrichtungen für Kinder in Deutschland. Zusammenfassung und Empfehlungen*. Berlin.

Bundesministerium für Familie, Senioren, Frauen und Jugend. (2018). Gesetz zur Weiterentwicklung der Qualität und zur Verbesserung der Teilhabe in Tageseinrichtungen und in der Kindertagespflege. KiQuTG.

Cloos, P. (2014). Konturen einer kindheitspädagogischen Professionsforschung. In T. Betz & P. Cloos (Hrsg.), *Kindheit und Profession. Konturen und Befunde eines Forschungsfeldes* (Kindheitspädagogische Beiträge, S. 100–115). Weinheim [u.a.]: Beltz Juventa.

Dehne, M. & Schupp, J. (2007). *Persönlichkeitsmerkmale im sozio-oekonomischen Panel (SOEP). Konzept, Umsetzung und empirische Eigenschaften* (Research Notes Nr. 26). Berlin: DIW - Deutsches Institut für Wirtschaftsforschung.

Dittrich, I., Grenner, K., Hanisch, A. & Marx, J. (2016). *Pädagogische Qualität in Tageseinrichtungen für Kinder. Ein nationaler Kriterienkatalog* (Vollständig überarbeitete und aktualisierte Auflage, 5. Auflage). Weimar: verlag das netz.

Eßer, F. (2014). Kindertagesbetreuung im Kontext sozialpädagogischer Professionalität. In T. Betz & P. Cloos (Hrsg.), *Kindheit und Profession. Konturen und Befunde eines Forschungsfeldes* (Kindheitspädagogische Beiträge, S. 36–48). Weinheim [u.a.]: Beltz Juventa.

Förster, C. (2016). Professionalisierung in der Frühpädagogik: Potenziale, Probleme, Perspektiven. In C. Förster & E. Hammes-Di Bernardo (Hrsg.), *Qualifikation in der Frühpädagogik. Vor welchen Anforderungen stehen Aus-, Fort- und Weiterbildung?* (S. 12–18). Freiburg: Verlag Herder.

Friederich, T. (2017). *Professionalisierung frühpädagogischer Fachkräfte in Aus- und Weiterbildung. Eine pädagogisch-professionstheoretische Verortung* (1. Auflage). Weinheim: Beltz Juventa. Verfügbar unter http://www.content-select.com/index.php?id=bib_view&ean=9783779946311

Friederich, T., Lechner, H., Schneider, H., Schoyerer, G. & Ueffing, C. (Hrsg.). (2016). *Kindheitspädagogik im Aufbruch. Professionalisierung, Professionalität und Profession im Diskurs*. Weinheim und Basel: Beltz Juventa. Zugriff am 16.02.2019.

Friederich, T. & Schoyerer, G. (2016). Professionalisierung des Systems Kindertagesbetreuung. Zum Verhältnis von Fachkräften, Strukturen und Kontexten. In T. Friederich, H. Lechner, H. Schneider, G. Schoyerer & C. Ueffing (Hrsg.), *Kindheitspädagogik im Aufbruch. Professionalisierung, Professionalität und Profession im Diskurs* (S. 38–63). Weinheim und Basel: Beltz Juventa.

Fröhlich-Gildhoff, K., Nentwig-Gesemann, I. & Pietsch, S. (2011). *Kompetenzorientierung in der Qualifizierung frühpädagogischer Fachkräfte. Eine Expertise der Weiterbildungsinitiative Frühpädagogische Fachkräfte (WiFF)* (WiFF-Expertisen, Bd. 19). München: Dt. Jugendinst.

Fröhlich-Gildhoff, K., Nentwig-Gesemann, I., Pietsch, S., Köhler, L. & Koch, M. (2014). *Kompetenzentwicklung und Kompetenzerfassung in der Frühpädagogik. Konzepte und Methoden* (Materialien zur Frühpädagogik, Bd. 13). Freiburg: FEL-Verl.

Fröhlich-Gildhoff, K., Weltzien, D., Kirstein, N., Pietsch, S. & Rauh, K. (2016). Kernkompetenzen frühpädagogischer Fachkräfte. In C. Förster & E. Hammes-Di Bernardo (Hrsg.), *Qualifikation in der Frühpädagogik. Vor welchen Anforderungen stehen Aus-, Fort- und Weiterbildung?* (S. 73–89). Freiburg: Verlag Herder.

Fthenakis, W. E. (2010). Implikationen und Impulse für die Weiterentwicklung von Bildungsqualität in Deutschland. In W. E. Fthenakis & P. Oberhuemer (Hrsg.), *Frühpädagogik international. Bildungsqualität im Blickpunkt* (2. Aufl., S. 387–402). Wiesbaden: VS Verlag für Sozialwissenschaften.

Gnahs, D. (2010). *Kompetenzen - Erwerb, Erfassung, Instrumente* (Studientexte für Erwachsenenbildung). Bielefeld: Bertelsmann.

Haan, G. d. & Bormann, I. (2008). Einleitung. In I. Bormann & G. d. Haan (Hrsg.), *Kompetenzen der Bildung für nachhaltige Entwicklung. Operationalisierung, Messung, Rahmenbedingungen, Befunde* (1. Aufl., S. 7–12). Wiesbaden: VS Verlag für Sozialwissenschaften.

Helm, J. (2015). *Die Kindheitspädagogik an deutschen Hochschulen. Eine empirische Studie zur Akademisierung einer pädagogischen Profession.* Opladen: Budrich UniPress.

Jugend- und Familienministerkonferenz. (2011). Staatliche Anerkennung von Bachelorabschlüssen im Bereich der Kindertagesbetreuung und Berufsbezeichnung. Beschluss. Zugriff am 23.02.2019.

Jungbauer, J. (6/2013). *Berufsbezogene Stressbelastungen und Burnout-Risiko bei Erzieherinnen und Erziehern. Ergebnisse einer Fragebogenstudie.* Abschlussbericht. Aachen: Institut für Gesundheitsforschung und soziale Psychiatrie (igsp) Kath. Hochschule Nordrhein-Westfalen / Aachen.

Keil, J. & Pasternack, P. (2011). *Frühpädagogisch kompetent. Kompetenzorientierung in Qualifikationsrahmen und Ausbildungsprogrammen der Frühpädagogik* (HoF-Arbeitsberichte). Halle-Wittenberg. Zugriff am 07.04.2019. Verfügbar unter https://www.hof.uni-halle.de/dateien/ab_2_2011.pdf

König, A., Kratz, J., Stadler, K. & Uihlein, C. (2018). *Aktuelle Entwicklungen in der Ausbildung von Erzieherinnen und Erziehern an Fachschulen für Sozialpädagogik. Organisationsformen, Zulassungsvoraussetzungen und Curricula - eine Dokumentenanalyse : Eine Studie der Weiterbildungsinitiative Frühpädagogische Fachkräfte (WiFF)* (Ausbildung, Band 29). München: Deutsches Jugendinstitut e.V.

Landtag Baden-Württemberg. (2013). $ 7 Gesetz über die Betreuung und Förderung von Kindern in Kindergärten, anderen Tageseinrichtungen und der Kindertagespflege. (Kindertagesbetreuungsgesetz - KiTaG). Zugriff am 14.06.2019. Verfügbar unter http://www.landesrecht-bw.de/jportal/?quelle=jlink&query=KiTaG+BW+%C2%A7+7&psml=bsbawue-prod.psml&max=true

Lutz, R., Rehklau, C., Engelhardt, I., Fleischer, S., Rund, M. & Seifert, R. (2016). *Sozialwissenschaftliche Grundlagen der Kindheitspädagogik. Eine Einführung* (Studienmodule Kindheitspädagogik). Weinheim: Beltz Juventa. Verfügbar unter http://www.content-select.com/index.php?id=bib_view&ean=9783779943938

Maus, F., Nodes, W. & Röh, D. (2013). *Schlüsselkompetenzen der Sozialen Arbeit. Für die Tätigkeitsfelder Sozialarbeit und Sozialpädagogik* (Berufsprofile, 4. Aufl.). Schwalbach am Taunus: Wochenschau-Verlag.

Metzinger, A. (2013). Geschichte der Erzieherinnenausbildung als Frauenberuf. In L. Fried & L. Ahnert (Hrsg.), *Handbuch Pädagogik der frühen Kindheit* (Frühe Kindheit. Ausbildung & Studium, 3., überarb. und erweiterte Aufl., S. 390–400). Berlin: Cornelsen.

Nentwig-Gesemann, I. (2016). Berufsfeldbezogene Forschungskompetenz als Voraussetzung für die Professionalisierung der Frühen Bildung, Betreuung und Erziehung. In H. v. Balluseck (Hrsg.), *Professionalisierung der Frühpädagogik. Perspektiven - Entwicklungen - Herausforderungen* (2., aktualisierte und überarbeitete Auflage, erw. Ausg, S. 235–244). Leverkusen: Budrich, Barbara.

Nittel, D. (2004). Die 'Veralltäglichung' pädagogischen Wissens - im Horizont von Profession, Professionalisierung und Professionalität. *Zeitschrift für Pädagogik, 50*(3), 342–357.

Oberhuemer, P. (2014). Frühpädagogische Ausbildungsprofile und Professionalisierungskonzepte. Eine international vergleichende und systembezogene Perspektive. In W. E. Fthenakis (Hrsg.), *Frühpädagogische Ausbildungen international. Reformen und Entwicklungen im Blickpunkt* (ErzieherInnen: Ausbildung, 1. Aufl., S. 19–48). Köln: Bildungsverlag EINS.

Pasternack, P. (2016). Teilakademisierung und sonstige Dynamiken: Quantitative und qualitative Entwicklungen in der frühpädagogischen Ausbildung von 2004 bis 2015. In H. v. Balluseck (Hrsg.), *Professionalisierung der Frühpädagogik. Perspektiven - Entwicklungen - Herausforderungen* (2., aktualisierte und überarbeitete Auflage, erw. Ausg, S. 107–118). Leverkusen: Budrich, Barbara.

Rychen, D. S. (2008). OECD-Referenzrahmen für Schlüsselkompetenzen - ein Überblick. In I. Bormann & G. d. Haan (Hrsg.), *Kompetenzen der Bildung für nachhaltige Entwicklung. Operationalisierung, Messung, Rahmenbedingungen, Befunde* (1. Aufl., S. 15–22). Wiesbaden: VS Verlag für Sozialwissenschaften.

Schmidt, A. (2008). Profession, Professionalität, Professionalisierung. In H. Willems (Hrsg.), *Lehr(er)buch Soziologie. Für die pädagogischen und soziologischen Studiengänge* (1. Aufl., S. 835–864). Wiesbaden: VS Verlag für Sozialwissenschaften / GWV Fachverlage, Wiesbaden.

Selzer, S. (2015). Zwischen Förderung und Anpassung. Diversität in Kindertagesstätten im Kontext pädagogischer Professionalität. In I. Ruppin (Hrsg.), *Professionalisierung in Kindertagesstätten* (S. 113–139). Weinheim: Beltz Juventa.

Sprung, T. (2019). Gut genug? *Meine Kita*, (1/19), 4–6.

Stuhr, S. (2016). *Anforderungen an Fachkräfte in der Kindheitspädagogik. Professionalisierung durch Akademisierung? Zur Forderung nach einer stärkeren akademischen Fundierung* (1. Auflage). München: Studylab.

Thole, W. (2016). Pädagogik der Kindheit studieren. Professionalität und Professionalisierung der Pädagogik in Kindertageseinrichtungen. In C. Förster & E. Hammes-Di Bernardo (Hrsg.), *Qualifikation in der Frühpädagogik. Vor welchen Anforderungen stehen Aus-, Fort- und Weiterbildung?* (S. 19–28). Freiburg: Verlag Herder.

Tietze, W., Becker-Stoll, F., Bensel, J., Eckhardt, A. G., Haug-Schnabel, G., Kalicki, B. et al. (Hrsg.). (April 2012). *NUBBEK. Nationale Untersuchung zur Bildung, Betreuung und Erziehung in der frühen Kindheit*. Fragestellungen und Ergebnisse im Überblick. Berlin. Zugriff am 02.03.2019.

Viernickel, S. (2016). Rahmenbedingungen für professionelles Handeln in Kindertageseinrichtungen. In H. v. Balluseck (Hrsg.), *Professionalisierung der Frühpädagogik. Perspektiven - Entwicklungen - Herausforderungen* (2., aktualisierte und überarbeitete Auflage, erw. Ausg, S. 39–52). Leverkusen: Budrich, Barbara.

Viernickel, S., Nentwig-Gesemann, I. & Weßels, H. (2015). Professionalisierung im Feld der Frühpädagogik - Zur Rolle von strukturellen Rahmenbedingungen und Organisationsmilieus. In I. Nentwig-Gesemann, K. Fröhlich-Gildhoff, F. Becker-Stoll & P. Cloos (Hrsg.), *Forschung in der Frühpädagogik* (Materialien zur Frühpädagogik, Band 18, S. 135–171). Freiburg im Breisgau: FEL Verlag Forschung - Entwicklung - Lehre.

Wasmuth, H. (2010). *Kindertageseinrichtungen als Bildungseinrichtungen. Zur Bedeutung von Bildung und Erziehung in der Geschichte der öffentlichen Kleinkinderziehung in Deutschland bis 1945*. Dissertation zur Erlangung des akademischen Grades Doktor der Sozialwissenschaften. Eberhard-Karls-Universität, Tübingen.

Weltzien, D. (2014). Der forschende Habitus in der Kindheitspädagogik. Aktuelle Diskurslinien im Kontext von Kompetenzforschung und Kompetenzentwicklung. In T. Betz & P. Cloos (Hrsg.), *Kindheit und Profession. Konturen und Befunde eines Forschungsfeldes* (Kindheitspädagogische Beiträge, S. 206–220). Weinheim [u.a.]: Beltz Juventa.

Wermke, M., Klosa, A., Kunkel-Razum, K. & Scholze-Stubenrecht, W. (Hrsg.). (2000). *Duden. Das Fremdwörterbuch* (7., neu bearbeitete und erweiterte Auflage). Mannheim: Bibliographisches Institut &F.A. Brockhaus AG.